Colligite quae superaverunt fragmenta, ne pereant

Sammelt die übrigen Brocken, dass nichts umkomme
Johannes 6,12

In Erinnerung an
Maria und Thomas S. Barthel

Ulrich Siegele

Johann Sebastian Bach komponiert Zeit

Tempo und Dauer in seiner Musik

Band 5
Konzerte und Sonaten

www.tredition.de

Autor: Ulrich Siegele

Verlag und Druck: tredition GmbH
Halenreie 40-44, 22359 Hamburg

ISBN:
978-3-7482-5294-8 (Paperback)
978-3-7482-5295-5 (Hardcover)
978-3-7482-5296-2 (e-Book)

Umschlagabbildung: Wilhei

Bibliographische Information der Deutschen Nationalbibliothek:
Die Deutsche Nationalbibliothek verzeichnet diese Publikation in der Deutschen Nationalbibliografie; detaillierte bibliografische Daten sind im Internet über http://dnb.d-nb.de abrufbar.

Inhalt

Vorwort

Der vorliegende fünfte Band der Reihe über Tempo und Dauer in Johann Sebastian Bachs Musik gilt Konzerten und Sonaten. Sie bilden drei Gruppen. Denn während ein Konzert in der Regel aus drei Sätzen der Folge schnell–langsam–schnell besteht, können die Sonaten einerseits, wie die Konzerte, aus drei Sätzen dieser Folge bestehen. Diesen sogenannten Sonaten auf Konzertenart stehen andererseits die eigentlichen Sonaten gegenüber, die einen langsamen Satz voranstellen, sodass die Folge aus vier Sätzen besteht. Demnach gliedert sich das Material, das hier behandelt wird, in drei Gruppen, nämlich in Konzerte, in dreisätzige und in viersätzige Sonaten. Denn die Entscheidung, ob eine Satzfolge aus drei oder aus vier Sätzen besteht, bildet eine fundamentale Voraussetzung für die Verteilung der Dauern der einzelnen Sätze auf die gesamte Dauer der Satzfolge, also auf die Beziehung zwischen dem Richtwert der Satzfolge und den Richtwerten der einzelnen Sätze.

Für jede der drei Gruppen hat Bach maßgebende Werke von sechs Satzfolgen vorgelegt, für die Konzerte die sechs Konzerte für ein Cembalo, denen die Brandenburgischen Konzerte für mehrere Instrumente gegenüberstehen, für die dreisätzigen Sonaten die sechs Sonaten für zwei Klaviere und Pedal, für die viersätzigen Sonaten die sechs Sonaten für Violine und obligates Cembalo, schließlich die gemischte Folge der drei Sonaten und drei Partiten für Violine allein. Jedes dieser fünf Werke gibt Auskunft über die benützten Richtwerte, die stets methodisch auf die einzelnen Satzfolgen verteilt sind.

Die Darstellung der ersten Gruppe lässt auf die Konzerte für ein Cembalo (BWV 1052 bis 1059) die einzelnen Konzerte für mehrere Cembali (BWV 1060 bis 1065) folgen. Als Zusatz sind der besetzungsmäßige Sonderfall des Italienischen Konzerts (BWV 971) und der entstehungsgeschichtliche Sonderfall des Tripelkonzerts in a-Moll für Flöte, Violine und Cembalo (BWV 1044) einbezogen. Die Brandenburgischen Konzerte für mehrere Instrumente (BWV 1046 bis 1051) bilden den Schluss.

Die dreisätzigen Sonaten stehen im Übergang zwischen den beiden umfangreichen Gruppen, einerseits den Konzerten, von denen sie zwar nicht die große Besetzung, wohl aber die Zahl der Sätze, andererseits den viersätzigen Sonaten, von denen sie den Titel und die kleine Besetzung übernehmen. Sie stellen selbst eine schmale Gruppe dar, die, neben zwei einzelnen Sonaten, von dem maßgebenden Werk der sechs Sonaten für zwei Klaviere und Pedal (BWV 525 bis 530) gebildet wird.

Den viersätzigen Sonaten stehen die drei Sonaten für Violine allein voran, die zusammen mit den drei Partiten ein Werk bilden (BWV 1001 bis 1006). Ihnen folgen die sechs Sonaten für Violine und Cembalo (BWV 1014 bis 1019). Sie sind das maßgebende Werk der Gruppe, obwohl die letzte Sonate hinsichtlich der Zahl und Form der Sätze ihren eigenen Weg geht. Hier bilden sechs einzelne Sonaten, darunter die Triosonate des Musikalischen Opfers (BWV 1079/3), den Schluss.

Das letzte Kapitel widmet sich zunächst dem zentralen Ergebnis der vorliegenden Untersuchung, nämlich dem Nachweis der Disposition der fünf Werke zu je sechs Satzfolgen, die in den Konzerten und Sonaten enthalten sind. Das Augenmerk richtet sich hier insbesondere auf die gesamten Dauern und auf die spezifische zeitliche Struktur ihrer einzelnen Satzfolgen und Sätze. In deren Merkmalen äußert sich ein grundlegender Unterschied, der zwischen Konzerten und Sonaten besteht. Eine Systematik der Tempostufen zieht Bilanz.

Kein anderes Repertoire des überlieferten Bachschen Schaffens bietet eine derartige Fülle mehrfacher Verwendung ein und derselben musikalischen Substanz in anderem klanglichem Gewand und wechselndem Zusammenhang, wozu eine noch größere, beinahe unüberschaubare Zahl von vermuteten früheren Fassungen und mehr oder weniger begründeten und begründbaren Rekonstruktionsversuchen tritt. Allerdings berührt dieser Umstand die vorliegende Untersuchung nur am Rand. Denn die Veränderung der Anzahl der Takte eines Satzes beschränkt sich auf wenige und für Tempostufe und Dauer nebensächliche Fälle. Nicht nur die Tempostufe, auch die Zahl der Takte eines Satzes und damit seine Dauer waren der feststehende äußere Rahmen, innerhalb dessen sich eine Bearbeitung vollzog.

Offenkundig hatte Bach sich die formale Disposition eines Satzes, die sich meist auf mehr als eine Ebene bezog, von vornherein derart genau überlegt, dass er später keinen Anlass sah, sie substanziell zu verändern. Die einzige wirkliche Ausnahme in dieser Hinsicht bildet das erwähnte Tripelkonzert in a-Moll. Die fünf aus sechs Satzfolgen bestehenden maßgebenden Werke sind also nicht als solche entworfen, sondern aus bereits vorhandenen Satzfolgen oder gar einzelnen Sätzen, die zudem meistens eine andere Gestalt besaßen, zusammengestellt. Ihnen eignet somit ein dokumentarischer, gewissermaßen abschließender Charakter innerhalb der Konzerte und Sonaten. Deshalb hielt ich mich für berechtigt, stets die späteste überlieferte Fassung zugrunde zu legen; dort habe ich dann, soweit erforderlich, auf andere Fassungen hingewiesen, die tatsächlich oder möglicherweise vorhergingen.

Insofern besteht im vorliegenden Zusammenhang kein Anlass, im Detail auf die Frage der Bearbeitungen zurückzukommen, mit denen ich mich vor 65 Jahren, in der Frühzeit eines Neuansatzes der Bachforschung, beschäftigt habe. Auch kann es hier nicht darum gehen, eine umfassende Bibliografie des Problems zu geben, für die bessere Möglichkeiten verfügbar sind, als hier geboten werden könnten. Am umfassendsten informiert zuletzt der Band 5 des Bach-Handbuchs, dessen erster Teilband über die Orchestermusik von Siegbert Rampe allein verfasst, dessen zweiter Teilband über die Kammermusik von Siegbert Rampe und Dominik Sackmann herausgegeben ist. Für die Sonaten verweise ich auf die zahlreichen Untersuchungen von Hans Eppstein, für die Konzerte, insbesondere für die Bearbeitungsschritte der Konzerte für ein Cembalo, auf die ausgreifenden Studien von Werner Breig, die in Band VII/4 der Neuen Bach-Ausgabe gipfeln. Den Stand der Forschung setze ich voraus, ohne davon mehr zu referieren als das, was das Thema von Tempo und Dauer unmittelbar angeht. Wo ich im Einzelfall auf Untersuchungen anderer zurückgegriffen habe, ist dies an Ort und Stelle vermerkt.

Schließlich ist hier die vor zwanzig Jahren geschriebene und einige Jahre später veröffentlichte Dissertation von Matthias Geuting zu nennen: *Konzert und Sonate bei Johann Sebastian Bach. Formale Disposition und Dialog der Gattungen*, Kassel 2006 (Bochumer Arbeiten zur Musikwissenschaft 5), zumal sie die Proportionsanalyse zu einem ihrer Themen nimmt. Ich mache aber darauf aufmerksam, dass diejenigen, die über Proportionierung bei Bach sprechen, außer Geuting etwa Don O. Franklin, Ruth Mary Tatlow und Siegbert Rampe, von unterschiedlichen Ansätzen ausgehen, ein unterschiedliches Erkenntnisinteresse verfolgen, unterschiedliche Methoden anwenden und folglich zu unterschiedlichen Ergebnissen gelangen. Auch mein Ansatz hat sich im Lauf der Jahre und Jahrzehnte gewandelt, entwickelt und präzisiert.

Bei meiner analytischen Arbeit liegt mir daran, nicht meine Fragen an Bachs Musik zu stellen, sondern mir die Fragen von Bachs Musik stellen zu lassen, nämlich den Standpunkt des Komponisten einzunehmen, das Regelsystem, nach dem er arbeitete, zu rekonstruieren und zu eruieren, vor welchen Problemen er bei einer Komposition stand und wie er sie löste – was ich übrigens auch bei anderen Komponisten und Kompositionen der vergangenen vier Jahrhunderte getan habe. Hier hat sich mein Interesse mehr und mehr Fragen der Form zugewandt: Wie haben Komponisten die zeitliche Erstreckung und funktionale Differenzierung ihrer Kompositionen entworfen, hergestellt und kontrolliert? Die Zahlen sind eine Kurzschrift zur Darstellung des fundamentalen musikalischen Sachverhalts der Dauer. Es geht nicht um Arithmetik, sondern um Musik.

Die Proportionierung ist in meinen Augen kein ewig gültiges Prinzip, sondern ein Arbeitsmittel zur Verfertigung einer Komposition, das nur so lange in

Kraft bleibt, wie nicht andere Arbeitsschritte andere Arbeitsmittel erfordern. Sie ist kein bindendes Gesetz, sondern muss stets den Freiraum gewähren, dessen jede kompositorische Arbeit bedarf. Ein und dasselbe Grundmuster, ja sogar ein und dieselbe Modifikation eines Grundmusters definieren nicht die einzige kompositorische Lösung, die darin stattfinden kann. Die proportionale Ordnung, die aus dem Wechselspiel mit der konkreten Ausarbeitung erwächst, engt nicht ein, sondern eröffnet Möglichkeiten. Das ist ihre Stärke. Wie diese Möglichkeiten genutzt werden, liegt am Komponisten, und wie er sie nutzen kann, hängt vom musikalischen, aber auch vom politischen, sozialen und ökonomischen Kontext ab.

Die Dauer eines Musikstücks verwirklicht sich in der Taktart und der Tempostufe, die für mich in dieser Funktion von Bedeutung sind und sich aus den in der Partitur dokumentierten Satztypen präzise erheben lassen. Diese Überlegungen liegen der Reihe über Tempo und Dauer in Bachs Musik zugrunde: *Johann Sebastian Bach komponiert Zeit.*

Unten füge ich die bekannte Übersicht über die sechs Tempostufen der Bachschen Musik an. Auch diesmal danke ich Siegbert Rampe für ständigen Austausch und Linda Maria Koldau für ihre Freundschaft und Verlässlichkeit, Gesprächsbereitschaft und Kritik. Dem Band wünsche ich eine verständniswillige Leserschaft, bereit, dem Weg der Untersuchung zu folgen.

DIE SECHS TEMPOSTUFEN DER BACHSCHEN MUSIK			
Kennzahl	Proportion der Tempostufe	Metronomische Signatur	Grundlage des Bereichs
12	Das Dreifache (= 3 p)	172,8	
8	Das Doppelte (= 2 p)	115,2	
6	Das Anderthalbfache (= 3/2 p)	86,4	Konzert
4	Prinzipieller Wert (= p)	57,6	Motettisch-figural
3	Dreiviertel (= 3/4 p)	43,2	Liturgisch-choral
2	Die Hälfte (= 1/2 p)	28,8	

Konzerte

Die sechs Konzerte für ein Cembalo

Das maßgebende Werk

Das maßgebende Werk der Konzerte besteht aus den sechs Folgen zu je drei Sätzen der Konzerte für ein Cembalo (BWV 1052–1057), die, wie belegt oder zu erschließen, alle auf Konzerte für Melodieinstrumente zurückgehen. Sie sind durch die übliche Invokationsformel „J. J.", nämlich „Jesu Juva", und den üblichen Schlussvermerk „SDGl", nämlich „Soli Deo Gloria", als Werk zusammengeschlossen und stehen an erster Stelle in der um 1738 entstandenen autografen Partitur der Bearbeitungen (Staatsbibliothek zu Berlin – Preußischer Kulturbesitz, Musikabteilung mit Mendelssohn-Archiv, *Mus. ms. Bach P 234*).[1] Weitere Stücke, ein Konzert, ebenfalls durch „J. J." eingeleitet (BWV 1058), und das kurze Fragment eines zweiten Konzerts (BWV 1059), sind zwar, nach einem Wechsel der Papierlage, zu unbekannter Zeit angebunden worden, aber früher entstanden. Bach hat also den ersten Ansatz für ein Werk abgebrochen und erst den zweiten Ansatz ausgeführt.

Ausgangspunkt und nächste Umgebung

Die normative Dauer des ganzen Werks beträgt 90 Minuten, die normative Dauer eines einzelnen Konzerts demnach ein Sechstel oder 15 Minuten. Diese normative Dauer wird vom dritten Konzert in D-Dur (BWV 1054) realisiert. Vorlage für die Bearbeitung ist das Konzert in E-Dur für Violine (BWV 1042, NBA VII/3). Die Taktvorzeichnungen und die Taktzahlen der drei Sätze stimmen in beiden Fassungen überein. Die Tempobezeichnungen lauten in der Fassung für Violine *allegro, adagio* und *allegro assai*. In der Fassung für Cembalo verzichtet der erste Satz auf eine Tempobezeichnung; denn die Vorschrift *allegro* ist für den ersten Satz eines Konzerts selbstverständlich, zumal hier auch der durchstrichene Halbkreis darauf verweist. Der zweite Satz ist *adagio*, der dritte Satz *allegro* überschrieben; der Mangel des Zusatzes *assai* bleibt ohne Einfluss auf die Tempostufe.

---

[1] Die Konzerte sind von Werner Breig in NBA VII/4 publiziert (1999, KB 2001).

Die Tabelle gibt die Daten für das Konzert in der Form, die auch im Folgenden gilt. Zunächst nennen vier Spalten die Zählung der einzelnen Sätze, die Tempobezeichnung, die Taktart und die Tempostufe. Hierauf geben drei Spalten die Taktzahl jedes Satzes, die sogleich auf Normaltakte zu vier Vierteln der Tempostufe p umgerechnet wird. Daran schließt die strukturelle Interpretation dieser Taktzahlen an. Sie erfolgt in Schritten zu 36 Normaltakten, die 2'30" entsprechen. Diese großen Einheiten unterteilen sich in sechs kleine Einheiten zu je sechs Normaltakten, die jeweils 0'25" entsprechen. Diese kleinen Einheiten dienen bei Bedarf der Modifikation der großen Einheiten, ohne die strukturelle Basis zu verändern, die durch die großen Einheiten gegeben ist. Sie werden zu den großen Einheiten addiert oder von ihnen subtrahiert, wobei sich, wie auch hier, die Additionen und Subtraktionen gegeneinander ausgleichen können. Die Modifikationen durch die kleinen Einheiten bieten den Freiraum für die Ausarbeitung, auf den jede kompositorische Arbeit angewiesen ist. Die letzte Spalte nennt die Entsprechungen zu den strukturellen Zahlen der Normaltakte und ihren Modifikationen in Werten der allgemeinen Zeitrechnung, also die Dauern in Minuten und Sekunden. Die letzte Zeile dieser drei Spalten fügt die Summen hinzu.

DRITTES KONZERT FÜR CEMBALO IN D-DUR (BWV 1054)						
Nr.	Tempo-bezeich-nung	Takt-art	Tempo-stufe	Taktzahl, umgerechnet auf C $\downarrow$ = p	Struktu-relle Interpre-tation	Dauer
1		$\mathbb{C}$	$\downarrow$ = 3/2 p	174:3x2=116	108+6	7'30"+0'25"
2	adagio	3/4	$\downarrow$ = 3/4 p	57	72–12	5'00"–0'50"
3	allegro	3/8	$\flat$ = 3 p	160:4=40	36+6	2'30"+0'25"
				213	216	15'00"

Die Dauer des Konzerts besteht aus sechs großen Einheiten. Davon entfallen drei Einheiten, also die eine Hälfte, auf den ersten Satz, die andere Hälfte auf den zweiten und dritten Satz, wobei zwei Einheiten dem zweiten und eine Einheit dem dritten Satz zugewiesen sind. Die Dauern des ersten und des letzten Satzes sind um je eine kleine Einheit vermehrt, die Dauer des mittleren Satzes um diese beiden kleinen Einheiten vermindert; das gleicht die Additionen der beiden anderen Sätze aus. Auf diese Weise ist die gesamte Dauer des Konzerts von 216 strukturellen Normaltakten oder 15'00" intern gegliedert. Außer der normativen Gesamtdauer dieser Konzerte für ein Cembalo bietet das Konzert auch die Tempostufen, die ihren einzelnen Sätzen häufig zukommen, nämlich dem ersten Satz die Tempostufe 3/2 p, bezogen auf das Viertel, dem zweiten Satz die Tempostufe 3/4 p, bezogen ebenfalls auf das Viertel, dem dritten Satz die Tempostufe 3 p, bezogen auf das Achtel.

Die zwei Konzerte an zweiter und vierter Stelle in E-Dur und A-Dur (BWV 1053 und 1055), die das Konzert an dritter Stelle umgeben, sind miteinander verschwistert: Nach Siegbert Rampe bestehen zwar „konkrete Hinweise" auf die „ursprüngliche Besetzung" ihrer Frühfassungen „mit Oboeninstrumenten"; aber gemeinsam ist ihnen, „dass sich ihre Urbilder nicht mit absoluter Sicherheit definieren lassen."[2] Vom zweiten Konzert in E-Dur sind der erste und der zweite Satz in der Kantate BWV 169/1 und 5 (NBA I/24), der dritte Satz in der Kantate BWV 49/1 (NBA I/25) bezeugt; im ersten Satz des Konzerts ist nach Takt 12 ein Takt eingefügt, sodass dieser Satz, das Dacapo eingeschlossen, um zwei Takte länger ist als in der Kantate. Die Frage nach der Originaltonart und der Besetzung müssen allerdings offenbleiben. Wie auch Werner Breig bemerkt, gibt es darauf „keine allgemein akzeptierte Antwort"[3]. Sicher aber ist, dass der mittlere Satz einem anderen Zusammenhang entstammt als die beiden Außensätze; doch auch diese haben möglicherweise verschiedene Herkunft, sodass „das Werk aus bis zu drei unterschiedlichen Kompositionen zusammengesetzt wurde… Sollten diese beiden Sätze zusammengehören, was wahrscheinlich, aber nicht zu beweisen ist, mögen sie auf ein Oboenkonzert in Es-Dur zurückgehen, wogegen der langsame Mittelsatz einem D-Dur-Konzert für Oboe d'amore entstammen dürfte, dessen Außensätze verlorengegangen zu sein scheinen."[4]

Für das vierte Konzert in A-Dur ist keine Vorlage bekannt. Jedoch scheint deren Tonart beibehalten zu sein. Als Soloinstrument sind Oboe d'amore und Viola vorgeschlagen worden, für die später die sechssaitige Viola d'amore in A-Dur-Stimmung eintrat. Rampe resümiert: „Zusammenfassend lässt sich sagen, dass die Wahrscheinlichkeit eines Urbilds für Viola d'amore größer ist als eines solchen für Oboe d'amore. Dennoch fehlt der entscheidende Beweis für eines dieser beiden Instrumente." Für die beiden Konzerte, die das dritte Konzert in D-Dur umrahmen, nennt er als Gesichtspunkt, der sie zusammenschließt: „Das E-Dur-Werk BWV 1053 zählt zusammen mit dem A-Dur-Konzert BWV 1055 zu den spieltechnisch leichteren von Bachs Cembalokonzerten."[5]

Der entscheidende Gesichtspunkt für die Verwandtschaft der beiden Konzerte liegt jedoch in ihrer Dauer, die zwar nicht übereinstimmt, aber aufeinan-

---

[2] Siegbert Rampe, *Bachs Orchester- und Kammermusik*, Teilband 1: *Bachs Orchestermusik*, Laaber 2013 (Das Bach-Handbuch 5/1), S. 286–305, das Zitat S. 286.
[3] NBA VII/4, KB, S. 87.
[4] S. Rampe, in: Bach-Handbuch 5/1, S. 295f.
[5] S. Rampe, in: Bach-Handbuch 5/1, S. 302 und 376.

der bezogen ist und von der Dauer des zwischen beiden stehenden Konzerts ausgeht. Das vordere Konzert in E-Dur umgibt den Mittelsatz von der Dauer einer großen Einheit mit den beiden Außensätzen, von denen jeder drei große Einheiten umfasst. Das hintere Konzert in A-Dur bietet ebenfalls einen Mittelsatz von der Dauer einer großen Einheit, den es mit den beiden Außensätzen von je zwei großen Einheiten umgibt. Im vorderen Konzert sind der erste und der zweite Satz um je zwei kleine Einheiten vermehrt, der dritten Satz um zwei kleine Einheiten vermindert, wodurch die normative Dauer um zwei kleine Einheiten vermehrt ist. Im hinteren Konzert ist der mittlere Satz um drei kleine Einheiten vermehrt, die auch als Zusatz der normativen Dauer zum Vorschein kommen.

ZWEITES KONZERT FÜR CEMBALO IN E-DUR (BWV 1053)						
Nr.	Tempo-bezeich-nung	Takt-art	Tempo-stufe	Taktzahl, umgerechnet auf C ♩ = p	Struktu-relle Interpre-tation	Dauer
1		C	♩ = 3/2 p	175:3x2=116,67	108+12	7'30"+0'50"
2	Siciliano	12/8	♩. = 3/4 p	37:3x4=49,33	36+12	2'30"+0'50"
3	allegro	3/8	♪ = 3 p	395:4=98,75	108–12	7'30"–0'50"
				264,75	252+12	17'30"+0'50"

VIERTES KONZERT FÜR CEMBALO IN A-DUR (BWV 1055)						
Nr.	Tempo-bezeich-nung	Takt-art	Tempo-stufe	Taktzahl, umgerechnet auf C ♩ = p	Struktu-relle Interpre-tation	Dauer
1	allegro	₵	♩ = 3/2 p	105:3x2=70	72	5'00"
2	larghetto	12/8	♩. = 3/4 p	39:3x4=52	36+18	2'30"+1'15"
3	allegro (ma non tanto)	3/8	♪ = 2 p	200:8x3=75	72	5'00"
				197	180+18	12'30"+1'15"

Die Dauer des vorderen Konzerts beträgt sieben, des hinteren Konzerts fünf große Einheiten. Demnach differieren die beiden Konzerte um zwei große Einheiten; das vordere übersteigt das zwischen beiden stehende Konzert um eine große Einheit, das hintere Konzert bleibt um diesen Betrag dahinter zurück. Die Addition und die Subtraktion gleichen sich gegenseitig aus. Zusammen ergeben die Dauer von 7x36=252 und 5x36=180 Normaltakten oder 17'30" und 12'30" die doppelte Dauer des mittleren Konzerts, nämlich 2x216=432 Normaltakte oder 30'00". Folglich wahrt jedes der beiden Konzerte durchschnittlich die normative Dauer, die das mittlere der beiden Konzerte vorgibt.

Der erste Satz bietet in beiden Konzerten, wie in dem dazwischen stehenden Konzert, die Tempostufe 3/2 p, bezogen auf das Viertel, im Konzert in E-Dur ohne Tempobezeichnung und mit dem Taktzeichen C, im Konzert in A-Dur mit der Tempobezeichnung *allegro* und dem Taktzeichen ₵; dieser Unterschied bleibt ohne Einfluss auf die Tempostufe, die dadurch bestimmt ist, dass es sich beide Male um den ersten Satz eines Konzerts handelt. Der mittlere Satz ist im vorderen Konzert *Siciliano*, im hinteren Konzert *larghetto* überschrieben und untersteht in beiden Konzerten, wie in dem zwischen beiden befindlichen Konzert, der Tempostufe 3/4 p, die sich hier jedoch auf das punktierte Viertel bezieht; denn auch das ist ein verbindendes Moment beider Konzerte, dass ihre mittleren Sätze im 12/8-Takt stehen, dessen Taktzeiten also trioliert sind. Der dritte Satz zeigt im Konzert in E-Dur, wie im Konzert in D-Dur, unter der Tempobezeichnung *allegro* die Tempostufe 3 p, bezogen auf das Achtel eines 3/8-Takts. Das Konzert in A-Dur dagegen, ebenfalls im 3/8-Takt, retardiert die Tempostufe auf 2 p, wie sogleich die 32stel des Ritornells kundtun, aber auch die zwei oder gar drei anschlagenden Harmonien innerhalb eines Takts, die immer wieder vorkommen; insofern vergewissert der spät nachgetragene Zusatz *ma non tanto*, der der ursprünglichen Bezeichnung *allegro* beigegeben ist (KB, S. 121), nur über einen Tatbestand, der ohnedies wahrgenommen werden kann.

Ausdehnung

Die drei bisher betrachteten Konzerte sind selbst wieder von zwei Konzerten umrahmt, die sich auf die doppelte normative Dauer ergänzen, nur dass dieses Mal die Abweichung nach beiden Seiten des Mittelwerts von 216 Normaltakten oder 15'00" nicht eine große Einheit, sondern drei große Einheiten und somit die Hälfte des Mittelwerts beträgt, nämlich nach oben und unten jeweils 108 Normaltakte oder 7'30". Jedoch ergänzen sich die beiden Konzerte, das erste und das fünfte, auch diesmal auf das Doppelte des Mittelwerts.

Das erste Konzert in d-Moll (BWV 1052) geht auf ein Konzert für Violine zurück. Seine musikalische Substanz ist außerdem zwiefach bezeugt, einerseits der erste und zweite Satz in der Kantate BWV 146/1 und 2 (NBA I/11.2), der dritte Satz in der Kantate BWV 188/1 (NBA I/25), andererseits das ganze Konzert in einer anderen Bearbeitung für Cembalo, die nach allgemeiner Ansicht von Carl Philipp Emanuel Bach stammt (BWV 1052a). Die Taktzahlen stimmen in allen drei Fassungen überein, für den ersten und zweiten Satz vollständig, für den dritten Satz (soweit für die Kantate 188 der fragmentarischen Überlieferung zu entnehmen) bis Takt 264 und dann wieder für das Schlussritornell in den letzten 12 Takten zuzüglich des einen Takts für den Schlussakkord.

Allerdings steht in den Streicherstimmen der von C. P. E. Bach stammenden Quelle zu BWV 1052a bereits bei Takt 250 des dritten Satzes die Bezeichnung *Cadenza al arbitrio*, die bis zum Eintritt des Dacapo gilt, wie Werner Breig mitteilt.[6] Jedoch nimmt er die Bezeichnung später weder in den Notentext von NBA VII/4 auf noch diskutiert er sie im Kritischen Bericht, sodass ihre quellenmäßige Begründung offen bleibt. Jedenfalls stimmen zunächst alle drei Fassungen im Grundriss überein. Und zwar beginnt in Takt 250 eine Quintfallsequenz, die auf der Dominante A-Dur beginnt und aus sieben zweitaktigen Gliedern, nämlich a–d–g–c–f–b–es, besteht. Ihre letzte Stufe gilt als neapolitanischer Sextakkord und wird um einen, also den 15. Takt gedehnt. Darauf führt ein achter, nun verminderter Quintfall zurück in die Dominante A-Dur, die als Septakkord dargestellt wird; dieser 16. Takt seit Beginn ist zugleich der erste Takt einer Fortsetzung der Kadenz, die nun in den drei Fassungen unterschiedlich ausfällt.

In der Kantate BWV 188/1 stehen 16 Takte; sie knüpfen vermutlich an einen Arpeggio-Abschnitt des zugrunde liegenden Violinkonzerts an, wobei der Continuo auf jedem ersten Viertel eines Takts die Bassnote der Orgel verdoppelt. In der Fassung C. P. E. Bachs steht allein der Septakkord der Dominante, hier in der Stellung eines Sekundakkords, gefolgt in einem eigenen Takt von der Beischrift *ad libitum*, die wohl dazu auffordert, die Fortsetzung der Kadenz zu improvisieren. In der Fassung für Cembalo von J. S. Bach folgt ein neuntaktiger Abschnitt, der in den ersten sieben Takten von den Streichern begleitet wird; „der Konzeptcharakter der Niederschrift" deutet „auf eine durchgreifende Neufassung gegenüber der Vorlage" hin.[7] In allen drei Fassungen folgt das abschließende Ritornell mit dem Schlussakkord. So umfasst der letzte Satz in der Fassung der Kantate vermutlich 293, in der Fassung C. P. E. Bachs 279 und in der endgültigen Fassung J. S. Bachs 286 Takte.

In der Fassung J. S. Bachs betragen der erste Satz drei, der zweite Satz zwei und der dritte Satz vier, zusammen also neun große Einheiten, die im ersten

---

[6] Vgl. Werner Breig, *Bachs Violinkonzert d-Moll. Studien zu seiner Gestalt und seiner Entstehungsgeschichte*, in: Bach-Jahrbuch 1976, S. 7–34, hier S. 17–19.
[7] W. Breig, a. a. O.

Satz um drei und im zweiten Satz um zwei, zusammen also um fünf kleine Einheiten vermehrt sind. So beläuft sich das Konzert insgesamt auf 9x36=324 Normaltakte oder 22'30" der großen Einheiten, zu denen die 5x6=30 Normaltakte oder 2'05" der kleinen Einheiten hinzutreten. In der Fassung C. P. E. Bachs bleibt die Dauer des dritten Satzes unbestimmt, da nicht klar ist, wie viel Zeit der *ad libitum* auszuführende Teil der Kadenz in Anspruch nimmt und ob er überhaupt in die Rechnung einzubeziehen ist. Die 279 notierten Takte, die der dritte Satz dort umfasst, ergeben 279:2=139,5 Normaltakte; die strukturelle Dauer von 138 Takten vermindert den Wert von J. S. Bachs Fassung auf 144–6 Takte, betrifft also nur die kleinen Einheiten. Die 293 Takte, die der Satz in der Kantate umfasst, ergeben 293:2=146,5 Normaltakte; die strukturelle Dauer von 144 Takten ist gleich dem Wert von J. S. Bachs Fassung, die demnach als maßgebend betrachtet werden kann.

ERSTES KONZERT FÜR CEMBALO IN d-MOLL (BWV 1052)						
Nr.	Tempobezeichnung	Taktart	Tempostufe	Taktzahl, umgerechnet auf C $\downarrow$ = p	Strukturelle Interpretation	Dauer
1	allegro	₵	$\downarrow$ = 3/2 p	190:3x2=126,67	108+18	7'30"+1'15"
2	adagio	3/4	$\downarrow$ = 3/4 p	87	72+12	5'00"+0'50"
3	allegro	3/4	$\downarrow$ = 3/2 p	286:2=143	144	10'00"
				356,67	324+30	22'30"+2'05"

Tempovorschrift, Taktvorzeichnung und Tempostufe entsprechen zunächst der Norm der übrigen Konzerte, nämlich im ersten Satz *allegro*, ₵ und 3/2 p, bezogen auf das Viertel, im zweiten Satz *adagio*, 3/4-Takt und 3/4 p, ebenfalls bezogen auf das Viertel. Der dritte Satz stimmt zwar in der Tempovorschrift *allegro* überein, weicht jedoch in Taktvorzeichnung und Tempostufe ab; denn er wiederholt den 3/4-Takt des vorhergehenden langsamen Mittelsatzes, den er mit der Tempostufe 3/2 p des ersten Satzes, bezogen auf das Viertel, versieht. Der dritte Satz verlässt somit das Prinzip der Variabilität, das sonst in dieser Hinsicht innerhalb eines Konzerts gilt.

Das fünfte Konzert in f-Moll (BWV 1056) teilt jedem seiner drei Sätze eine große Einheit zu, die im zweiten Satz um eine kleine Einheit vermindert, im dritten Satz um drei kleine Einheiten vermehrt sind. Das ergibt zusammen drei große Einheiten von 3x36=108 Takten oder 7'30", zu denen zwei kleine Einheiten von 2x6=12 Takten oder 0'50" hinzutreten. Der zweite Satz verlässt auch hier das Prinzip der Variabilität, denn nicht nur der erste, sondern auch der zweite Satz stehen in einem geraden Takt. Die Taktvorzeichnungen sind als 2/4 und C differenziert, allerdings mit den üblichen Tempostufen versehen, nämlich im ersten Satz mit 3/2 p (das vom 2/4-Takt gefordert wird) und im zweiten Satz unter der Tempovorschrift *adagio* oder *largo* mit 3/4 p, jeweils bezogen auf das Viertel. Der dritte Satz zeigt, wie üblich, den 3/8-Takt der Tempostufe 3 p, bezogen auf das Achtel, unter der Tempovorschrift *presto*, die hinsichtlich der Tempostufe, zumindest hier, als gleichbedeutend mit *allegro* zu betrachten ist.

FÜNFTES KONZERT FÜR CEMBALO IN f-MOLL (BWV 1056)						
Nr.	Tempo-bezeich-nung	Takt-art	Tempo-stufe	Taktzahl, umgerechnet auf C ♩ = p	Struktu-relle Interpre-tation	Dauer
1	allegro	2/4	♩ = 3/2 p	116:3=38,67	36	2'30"
2	adagio (oder largo)	C	♩ = 3/4 p	21:3x4=28	36–6	2'30"–0'25"
3	presto	3/8	♪ = 3 p	224:4=56	36+18	2'30"+1'15"
				122,67	108+12	7'30"+0'50"

Der Mittelsatz des Konzerts entstammt ohne Zweifel einem anderen Zusammenhang; er ist auch in der Kantate BWV 156/1 (NBA I/6) bezeugt. Vielleicht gehen sogar die beiden Außensätze ihrerseits auf unterschiedliche Vorlagen zurück. Nach Siegbert Rampe deutet „alles darauf hin, dass Bach in BWV 1056 Sätze dreier unterschiedlicher Vorlagen miteinander vereinigte, die heute als verschollen gelten müssen." Denn „es bleiben nach wie vor Zweifel, ob die Außensätze des Werks in der Urfassung tatsächlich zusammengehörten oder erst nachträglich zum f-Moll-Cembalokonzert kompiliert wurden."[8] Ein möglicher, aber naheliegender Grund für die Kompilation könnte die Notwendigkeit gewesen sein, als Ergänzung zum Konzert d-Moll über ein Konzert der Dauer von drei großen Einheiten zu verfügen. Denn unter den überlieferten Konzerten Bachs ist bloß ein einziges Konzert dieser Dauer vorhanden, nämlich das dritte Brandenburgische Konzert (BWV 1048), das hier schlechterdings nicht in Frage kommt. So blieb zur Ergänzung nur übrig, ein Konzert der erforderlichen Dauer aus Einzelsätzen zusammenzustellen (da eine Neukomposition offensichtlich ausgeschlossen war).

---

[8] Bach-Handbuch 5/1, S. 273f.

20

Allerdings kann diese Argumentation nicht auf das zweite Konzert (BWV 1053) übertragen werden; denn seine drei Sätze sind schon in den Kantaten BWV 169/1 und 5 sowie BWV 49/1 miteinander verbunden worden, zwei Kantaten, die 1726 am 20. Oktober und 3. November, also im Abstand von zwei Wochen, zum ersten Mal aufgeführt wurden. Für das zweite Konzert (BWV 1053) wurde die Tonart E-Dur gewählt; das ist darauf zurückzuführen, dass für das dritte Konzert (BWV 1054), das auf das Violinkonzert E-Dur (BWV 1042) zurückgeht, die Transposition um einen Ganzton abwärts nach D-Dur feststand, die somit für das zweite Konzert nicht mehr verfügbar war. Zwar hinderte die Schwierigkeit, für die formale Organisation geeignete Werke zu finden, überdies, wie in anderen Sechsergruppen, eine offen zutage liegende Ordnung der Tonarten zu entwerfen. Dennoch sollte vermieden werden, dass in der Sechsergruppe zweimal die gleiche Tonart auftrat. Dieser Gesichtspunkt wird bei der Beurteilung des Fragments BWV 1059 noch einmal eine Rolle spielen.

Beschluss

Das erste und fünfte Konzert ergänzen sich wie das zweite und vierte auf 2x15'00"=30'00" und umrahmen das in der Mitte stehende dritte Konzert, dessen Dauer 15'00" beträgt. So umfassen die fünf Konzerte 5x15'00"=75'00". Durch diese Anlage ist, trotz der erheblichen Spannbreite der einzelnen Konzerte, die normative Dauer eines Konzerts auf 15'00" fixiert und zielt für die sechs Konzerte auf die gesamte Dauer von 90'00" oder anderthalb Stunden. Zugleich ist dadurch die Dauer des sechsten Konzerts bestimmt, die sich auf 15'00" belaufen muss und auf diese Weise nun auch das dritte Konzert zu einem Paar von zusammen 30'00" ergänzt. Diese Bedingung der Dauer erfüllt, außer der Vorlage des dritten Konzerts, das vierte der Brandenburgischen Konzerte (BWV 1049, NBA VII/2), das als einziges unter den überlieferten Konzerten für die Ergänzung in Frage kommt und als letztes Konzert in die Konzerte für Cembalo aufgenommen wird (BWV 1057).

Wenn unter diesem Gesichtspunkt das Paar des zweiten und vierten Konzerts betrachtet wird, so ergibt sich, dass unter den Konzerten für ein Melodieinstrument, die für dieses Paar geeignet sind, nur das Konzert in E-Dur die Dauer von 17'30" und nur das Konzert in A-Dur die Dauer von 12'30" bietet, ohne dass, so wenig wie beim Konzert in f-Moll, zuverlässig bestimmt werden könnte, welche Vorlagen Bach zusammengefügt hat, um diese Werte zu erreichen.

Das sechste Konzert, das bei der Übernahme von G-Dur nach F-Dur transponiert wurde, stimmt hinsichtlich der Taktzahlen mit der Vorlage überein.

Der erste Satz umfasst drei, der zweite eine und der dritte zwei große Einheiten. Sie ergeben zusammen die sechs großen Einheiten oder 15'00", die, wie gezeigt, erforderlich sind und die im zweiten Satz um drei, im dritten Satz um eine, zusammen also um vier kleine Einheiten oder 1'40" vermehrt werden.

SECHSTES KONZERT FÜR CEMBALO IN F-DUR (BWV 1057)					
Nr.	Tempobezeichnung	Taktart	Tempostufe	Taktzahl, umgerechnet auf C ♩ = p	Strukturelle Interpretation	Dauer
1		3/8	♪ = 3 p	427:4=106,75	108	7'30"
2	andante	3/4	♩ = p	71:4x3=53,25	36+18	2'30"+1'15"
3	allegro assai	𝄵	♩ = 3/2 p	244:3=81,33	72+6	5'00"+0'25"
				241,33	216+24	15'00"+1'40"

Wie häufig bei Bach weicht das letzte Stück einer Serie formal von den vorhergehenden ab. Die Abweichungen betreffen hier zunächst die Instrumentierung. Denn bereits die Vorlage gibt der konzertierenden Violine zwei Blockflöten bei. Diese Besetzung bildet die Voraussetzung der Bearbeitung. Werner Breig fasst zusammen: Zwar „besteht die Grundfunktion des Cembalos darin, den ursprünglichen Soloviolinpart zu übernehmen. Doch ließ sich Bach von den verschiedenen Instrumentenkombinationen der Vorlage dazu anregen, das Cembalo auch in anderen Funktionen einzusetzen... Die Tatsache, daß der virtuose Soloviolinpart des 4. Brandenburgischen Konzerts eine ungemein wirkungsvolle Cembalostimme ergeben hat, sowie der klangfarbliche Reichtum beim Zusammenwirken von Instrumenten dreier Familien lassen das F-dur-Konzert als den Höhepunkt der Werkreihe erscheinen." Es ist ein würdiges Gegenstück zur Virtuosität des ersten Konzerts in d-Moll und dessen „Reichtum an Cembalo-idiomatischen Zügen, die Bach der Vorlage noch ... hinzuzugewinnen verstand."[9]

Eine formale Eigenheit des sechsten Konzerts besteht in der Reihenfolge der Satztypen, die gegenüber der Norm rückläufig ist. Sie beginnt mit einem unbezeichneten 3/8-Takt der Tempostufe 3 p, bezogen auf das Achtel, der in der Vorlage mit der Tempovorschrift *allegro* versehen ist, und endet mit einem

---

[9] Werner Breig, *Zum Kompositionsprozeß in Bachs Cembalokonzerten*, in: Johann Sebastian Bachs Spätwerk und dessen Umfeld. Perspektiven und Probleme, Bericht über das wissenschaftliche Symposion anlässlich des 61. Bachfestes der Neuen Bachgesellschaft, Duisburg, 28.–30. Mai 1986, hrsg. von Christoph Wolff, Kassel 1988, S. 32–47, hier S. 43f. und 37.

geraden Takt unter der Vorzeichnung ₵ und der Tempostufe 3/2 p, bezogen auf die Halbe; dessen Tempovorschrift *allegro assai* indiziert gegenüber dem *presto* der Vorlage keine Änderung der Tempostufe. Bereits diese Umkehrung ist im Zusammenhang der Konzerte für Cembalo ungewöhnlich. Noch ungewöhnlicher freilich ist, dass zwischen den beiden Sätzen ein 3/4-Takt der Tempostufe p, bezogen auf das Viertel, Platz findet, der schon in der Vorlage die Bezeichnung *andante* trägt. Denn dieser Satztypus ist innerhalb der Sechsergruppe der Konzerte singulär. Er erhält seine Eigenschaft, wie noch zu zeigen ist, als Teil der Brandenburgischen Konzerte, aus denen er sie einbringt. Die Möglichkeit, ein Konzert mit derartigen Besonderheiten aufzunehmen, ergibt sich aus seiner Stellung am Ende der Sechsergruppe.

Der Zusammenhalt des Ganzen

Der Zusammenhalt der sechs Konzerte beruht einerseits auf der spezifischen Ausprägung, die die Satzfolge schnell–langsam–schnell in den Taktarten und Tempostufen hier erhält, andererseits in der Organisation der Dauern der Konzerte und ihrer einzelnen Sätze.

	DIE SECHS KONZERTE FÜR EIN CEMBALO TEMPOVORSCHRIFTEN, TAKTARTEN UND TEMPOSTUFEN DER DREI SÄTZE						
BWV	Erster Satz		Zweiter Satz		Dritter Satz		Dauer insgesamt
1052	allegro	₵ ♩ = 3/2 p	adagio	3/4 ♩ = 3/4 p	allegro	3/4 ♩ = 3/2 p	22'30" +2'05"
1053		C ♩ = 3/2 p	Siciliano	12/8 ♩. = 3/4 p	allegro	3/8 ♪ = 3 p	17'30" +0'50"
1054		₵ ♩ = 3/2 p	adagio	3/4 ♩ = 3/4 p	allegro	3/8 ♪ = 3 p	15'00"
1055	allegro	₵ ♩ = 3/2 p	larghetto	12/8 ♩. = 3/4 p	allegro (ma non tanto)	3/8 ♪ = 2 p	12'30" +1'15"
1056	allegro	2/4 ♩ = 3/2 p	adagio (oder largo)	C ♩ = 3/4 p	presto	3/8 ♪ = 3 p	7'30" +0'50"
1057		3/8 ♪ = 3 p	andante	3/4 ♩ = p	allegro assai	₵ ♩ = 3/2 p	15'00" +1'40"

Die Norm verleiht dem ersten Satz der Konzerte einen geraden Takt der Tempostufe 3/2 p, bezogen auf das Viertel. Der zweite Satz erhält entweder einen 3/4- oder einen 12/8-Takt der Tempostufe 3/4 p; das ist die halbe Tempostufe des ersten Satzes, die sich im 3/4-Takt auf das Viertel, im 12/8-Takt auf das punktierte Viertel bezieht. Der dritte Satz bietet in der Regel einen 3/8-Takt der Tempostufe 3 p, verdoppelt also den Schlag des ersten Satzes, greift aber, da er den Schlag nicht auf das Viertel, sondern auf das Achtel bezieht, den Bewegungsgrad des ersten Satzes auf.

Von dieser Norm gibt es sechs Ausnahmen, die im Schema grau unterlegt sind. Die eine Dreiergruppe betrifft das sechste Konzert als Ganzes, dessen Stellung am Schluss diese Ausnahme ermöglicht und begründet. Die andere Dreiergruppe bezieht sich auf einzelne Sätze. Der zweite Satz des vorletzten Konzerts steht in einem geraden Takt, behält aber die Tempostufe 3/4 p, bezogen auf das Viertel, bei. Der dritte Satz des ersten Konzerts wiederholt den 3/4-Takt des vorhergehenden zweiten Satzes, dem gegenüber er die Tempostufe verdoppelt, sodass sie mit der Tempostufe des ersten Satzes übereinstimmt. Der dritte Satz des vierten Konzerts schließlich zeigt zwar den üblichen 3/8-Takt, retardiert ihn aber auf die Tempostufe 2 p. Auf diese Weise treffen im Verlauf der sechs Konzerte den ersten Satz eine, den zweiten Satz zwei und den dritten Satz drei Ausnahmen.

DIE SECHS KONZERTE FÜR EIN CEMBALO DIE DAUERN DER KONZERTE UND IHRER SÄTZE IN EINHEITEN VON 36 TAKTEN ODER 2'30"						
BWV	1052	1053	1054	1055	1056	1057
Tonart	d	E	D	A	f	F
1. Satz	3	3	3	2	1	3
2. Satz	2	1	2	1	1	1
3. Satz	4	3	1	2	1	2
Summe	6+3	6+1	6	6–1	6–3	6

Die Betrachtung der Dauern der Konzerte und ihrer Sätze legt die großen Einheiten von 36 Takten oder 2'30" zugrunde und vernachlässigt die Modifikationen der kleinen Einheiten. Das dritte Konzert verkörpert die Norm von 6 Einheiten und teilt seinen drei Sätzen die fallende Folge von 3, 2 und 1 Einheiten zu. Das zweite und das vierte Konzert vermehren und vermindern die Norm gegenläufig um eine Einheit. Sie erreichen diese Vermehrung und Verminderung, indem sie beide ihrem mittleren Satz 1 Einheit, den beiden Außensätzen im Fall der Vermehrung je 3, im Fall der Verminderung je 2 Einheiten zuteilen. Das erste und das fünfte Konzert erhöhen die Vermehrung und Verminderung auf drei Einheiten; das erste Konzert übergibt seinen drei Sätzen 3, 2 und 4 Einheiten, das fünfte Konzert seinen drei Sätzen je 1 Einheit. Das sechste Konzert schließlich bezieht sich auf das dritte Konzert; es zeigt die gleiche Zahl von 6 Einheiten, von denen auf seinen ersten Satz ebenfalls die Hälfte, also 3 Einheiten, entfallen; die Zahl der Einheiten seines zweiten und dritten Satzes dagegen vertauscht es von 2 und 1 auf 1 und 2.

DIE SECHS KONZERTE FÜR EIN CEMBALO DIE INNERE STRUKTUR DER KONZERTE IN EINHEITEN VON 36 TAKTEN ODER 2'30", DIE BILDUNG IHRER PAARE UND DIE ORDNUNG DER TONARTEN						
BWV	1052	1053	1054	1055	1056	1057
Tonart	d	E	D	A	f	F
1. Satz	3	2+1	2+1	2	1	2+1
2. Satz	3–1	2–1	2	2–1	1	2–1
3. Satz	3+1	2+1	2–1	2	1	2
Summe	9	6+1	6	6–1	3	6
Zentrum			▼			
Bildung		▶		◀		
der	▶				◀	
Paare			▶			◀

Die Zahl der Einheiten der Konzerte und ihrer Sätze können auf eine strukturelle Basis zurückgeführt werden und zielen dann auf die Systematik, die den Konzerten überhaupt zugrunde liegt. Das Zentrum des dritten Konzerts basiert auf der Norm von 6 Einheiten, die in drei Dritteln von je 2 Einheiten auf die drei Sätze verteilt werden. Ein solches Drittel liegt unverändert dem mittleren Satz zugrunde, während der erste vom dritten Satz eine Einheit übernimmt. Die beiden Konzerte, die dieses Zentrum umrahmen, basieren ebenfalls auf der Norm von 6 Einheiten, die in drei Dritteln von je 2 Einheiten auf die drei Sätze verteilt werden. Beide Konzerte vermindern den mittleren Satz um eine Einheit. Dieses Mal erfolgt der Ausgleich jedoch nicht innerhalb eines jeden Konzerts für sich, sondern zwischen den beiden Konzerten. Denn die 2 Einheiten, die den mittleren Sätzen beider Konzerte genommen werden, kommen den beiden Außensätzen des zweiten Konzerts zugute, während das vierte Konzert leer ausgeht. Jedoch ist festzuhalten, dass alle drei Konzerte von der Basis von 6 Einheiten ausgehen, die zu je 2 auf die drei Sätze verteilt sind.

Demgegenüber verändern das erste und das fünfte Konzert die Basis. Das erste Konzert steigert sie auf 9 Einheiten, die zu je 3 auf die drei Sätze verteilt werden; das fünfte Konzert nimmt sie auf 3 Einheiten zurück, von denen je 1 Einheit auf jeden der drei Sätze entfällt. Im ersten Konzert übernimmt der dritte vom zweiten Satz eine Einheit, während dem fünften Konzert keine Möglichkeit einer Veränderung seiner Basis bleibt. Das sechste Konzert schließlich greift auf die Basis des dritten Konzerts von 6 Einheiten, die in dreimal 2 Einheiten unterteilt sind, zurück. Während aber im dritten Konzert der erste Satz eine Einheit vom dritten Satz übernimmt, erfolgt dies hier vom zweiten Satz.

Die Dauern der Konzerte und ihre Beziehungen lassen nun auch eine Ordnung der Tonarten zutage treten. Das Zentrum des dritten Konzerts D-Dur ist von A-Dur und E-Dur umgeben, zwei anderen Dur-Tonarten, die zunächst gegenüber dem Zentrum und dann innerhalb des Paars um eine Quint aufsteigen. Das Verhältnis, das das Paar des ersten und fünften Konzerts in Moll bildet, wiederholt sich im Verhältnis, das das Paar des dritten und sechsten Konzerts in Dur bildet; dort d-Moll und f-Moll, hier die Varianten D-Dur und F-Dur. Die Ordnung der Tonarten reflektiert die Ordnung der Dauern. Die Ordnung der Dauern bezeugt die Souveränität, mit der Bach die formale Anlage des Werks entworfen und dabei den vorhandenen Bestand an geeigneten Konzerten berücksichtigt hat. Die sechs Konzerte für ein Cembalo weisen über sich selbst hinaus. Sie entfalten die Methodik, die Bach dem Entwurf seiner Konzerte zugrunde legte. Darin besteht für den vorliegenden Zusammenhang ihre Bedeutung.

Der Rest

In der autografen Quelle folgen auf die sechs Konzerte ein weiteres Konzert und das Fragment eines Konzerts. Sie beginnen auf einer neuen Papierlage und werden, wie die sechs Konzerte, von der Invokationsformel „J. J." eröffnet. Mehrere Hinweise deuten darauf hin, dass dieser Teil der Handschrift zwar hinten angebunden ist, aber zuerst beschrieben wurde.

Das Konzert an erster Stelle in g-Moll (BWV 1058) geht auf das Konzert für Violine in a-Moll (BWV 1041, NBA VII/3) zurück. Die Tempovorschriften und Taktvorzeichnungen der drei Sätze stimmen überein, ebenso die Taktzahlen des ersten und des zweiten Satzes. Im dritten Satz ist in der Fassung für Cembalo die Fermate des Takts 90 auch im Bass auf einen Takt gedehnt und die Fortsetzung um einen Takt hinausgeschoben (KB, S. 197), sodass der Satz einen Takt mehr umfasst als in der Fassung für Violine; jedoch bleibt das ohne Einfluss auf die strukturelle Dauer. Der erste Satz steht ohne Vorschrift unter der Vorzeichnung 2/4 in der Tempostufe 3/2 p, bezogen auf das Viertel, der zweite unter der Vorschrift *andante* und der Vorzeichnung C in der Tempostufe 3/4 p, ebenfalls bezogen auf das Viertel, der dritte unter der Vorschrift *allegro assai* und der Vorzeichnung 9/8 in der Tempostufe 2 p, bezogen auf das punktierte Viertel. Der erste Satz fügt sich in die Zeitstruktur der sechs Konzerte ein; der zweite weicht in der geraden Taktart, nicht aber in der Tempostufe ab, während der dritte mit einem 9/8-Takt in der Tempostufe 2 p, bezogen auf das punktierte Viertel, völlig aus dem für die sechs Konzerte gültigen Rahmen herausfällt und dort keinen Platz hätte finden können. Er zielt auf eine andere Norm.

KONZERT FÜR CEMBALO IN g-MOLL (BWV 1058)						
Nr.	Tempo-bezeich-nung	Takt-art	Tempo-stufe	Taktzahl, umgerechnet auf C ♩ = p	Struktu-relle Interpre-tation	Dauer
1		2/4	♪ = 3/2 p	171:3=57	54	3'45"
2	andante	C	♪ = 3/4 p	46:3x4=61,33	36+24	2'30"+1'40"
3	allegro assai	9/8	♩. = 2 p	142:8x3=53,25	54	3'45"
				171,58	144+24	10'00"+1'40"

Diese Einschätzung wird von einer Betrachtung der Dauern nachdrücklich unterstützt. Denn das Konzert beläuft sich auf die Dauer von 144+24 Takten oder 10'00"+1'40". Davon entfallen auf den mittleren Satz 36+24 Takte, also eine große Einheit, die um vier kleine Einheiten erhöht ist, auf die Außensätze je 54 Takte, nämlich zweimal anderthalb, zusammen drei große Einheiten. Weder die Basis von 10'00" des Konzerts noch die interne Gliederung seiner drei Sätze, insbesondere die Verwendung halber großer Einheiten, lassen sich in die Gegebenheiten der sechs Konzerte integrieren. Bach verfolgt hier einen völlig differierenden Ansatz, ohne dass dieser aufgrund dieses einen Konzerts genauer bestimmt werden könnte.

Das anschließende Fragment (BWV 1059) bricht nach den neunten Takt ab. Der Konzertsatz, der hier beabsichtigt war, ist auch in dem *Concerto* bezeugt, mit dem die Kantate BWV 35/1 (NBA I/20) beginnt. Der Satz steht, wie das Fragment, unter der Vorzeichnung C auf der Tempostufe 3/2 p; er umfasst 72+12 Normaltakte oder 5'00"+0'50". Für das Konzert als ganzes kann keine Aussage getroffen werden; denn außer über die Funktion der Oboe, die in dem Fragment colla parte mit der ersten Violine geführt ist, besteht vor allem über die beiden anderen Sätze des zugrunde liegenden Konzerts keine Gewissheit.

Jedoch ist bereits der vorliegende Tatbestand aussagekräftig genug. Bach hatte, wie das diesen Teil eröffnende Konzert BWV 1058 dokumentiert, eine abweichende Anlage des Werks der sechs Konzerte im Sinn, wenn er nicht überhaupt dabei war, die Anlage im Verlauf der Komposition erst zu entwickeln. Mit dem zweiten Konzert BWV 1059 muss er sich schon zuvor befasst haben; denn die neun Takte des Ritornells sind in der revidierten Form, die das Fragment gegenüber der Kantate bietet, in korrekturloser Reinschrift eingetragen. Als er nun das Ritornell niederschrieb, müssen ihm Zweifel gekommen sein, ob eine schlüssige Anlage aufgrund dieses Anfangs entweder überhaupt zu entwickeln sei oder ob, falls er schon eine Anlage im Sinn hatte, diese ausgeführt werden könne. So entschloss er sich, die Eintragung abzubrechen und mit einem neuen Ansatz, den er nun vermutlich von vornherein plante, zu beginnen. Vielleicht spielte dabei auch die Tonart d-Moll des Fragments eine Rolle. Denn wenn er sich dafür entschied, diesen neuen Ansatz mit dem großen Konzert in d-Moll zu beginnen, dann hatte, da sich ja innerhalb der Sechsergruppe keine Tonart wiederholen sollte, das Fragment ohnehin ausgespielt. Vermutlich überlegte er, als er den Plan entwarf, zugleich, welche Konzerte und Einzelsätze für eine Bearbeitung vorhanden und für die Verwirklichung des Plans geeignet waren. Jedenfalls ließ er den missglückten Versuch liegen. Den neuen Ansatz aber brachte er mit Bravour zu Ende.

Die einzelnen Konzerte für mehrere Cembali

Konzerte für zwei Cembali

Die Konzerte für mehrere Cembali umfassen sechs Konzerte, bei denen es sich um Einzelwerke handelt. Sie gliedern sich in drei Konzerte für zwei Cembali, zwei Konzerte für drei Cembali und ein Konzert für vier Cembali.[10]

Das Konzert in C-Dur ist dadurch herausgehoben, dass es in zwei verschiedenen Fassungen vorliegt; die eine Fassung erweist sich mit den beiden Cembali ohne begleitende Streichinstrumente als vollständig (BWV 1061a), die andere gibt den beiden konzertierenden Cembali ein solches Ripieno bei (BWV 1061). Die Taktzahlen der beiden Fassungen stimmen für alle drei Sätze überein. Die Tempobezeichnungen und Taktvorzeichen differieren wie folgt:

	BWV 1061a	BWV 1061	Tempostufen
1. Satz	𝄵	𝄵	♩ = 3/2 p
2. Satz	6/8 adagio ovvero largo	6/8 adagio	♩. = 3/4 p
3. Satz	𝄵 Fuga	C vivace	♩ = 3/2 p

Diese Differenzen bleiben ohne Einfluss auf die Tempostufen, die für den ersten und den letzten Satz 3/2 p, bezogen auf das Viertel, für den mittleren Satz 3/4 p, bezogen auf das punktierte Viertel, betragen. Der erste Satz entspricht dem, was als Eröffnung eines Konzerts zu erwarten ist. Der zweite Satz wählt demgegenüber die halbe Tempostufe des ersten Satzes; mit der Triolierung ihres Bezugswerts entscheidet er sich für eine der bestehenden Möglichkeiten. Verglichen mit den sechs Konzerten für ein Cembalo erscheint jedoch der letzte Satz ungewöhnlich; denn er greift die Taktart und die Tempostufe des

---

ersten Satzes wieder auf, meidet also die Variabilität zugunsten der Wiederholung.

KONZERT FÜR ZWEI CEMBALI IN C-Dur (BWV 1061a)						
Nr.	Tempo-bezeich-nung	Takt-art	Tempo-stufe	Taktzahl, umgerechnet auf C $\downarrow$ = p	Struktu-relle Interpre-tation	Dauer
1		C	$\downarrow$ = 3/2 p	166:3x2=110,67	108	7'30"
2	adagio ovvero largo	6/8	$\downarrow$. = 3/4 p	63:3x2=42	36+6	2'30"+0'25"
3	Fuga	C	$\downarrow$ = 3/2 p	140:3x2=93,33	72+24	5'00"+1'40"
				246	216+30	15'00"+2'05"

Abgesehen von den Erweiterungen um kleine Einheiten, erstreckt sich der erste Satz auf die halbe Dauer, nämlich auf drei große Einheiten oder 7'30". Von der anderen Hälfte übernehmen der zweite Satz eine, der dritte Satz zwei große Einheiten, die er zweite Satz um eine, der dritte Satz um vier kleine Einheiten vermehren. So erstreckt sich das ganze Konzert auf sechs große Einheiten von zusammen 216 Normaltakten oder 15'00"; dazu treten fünf kleine Einheiten von zusammen 30 Normaltakten oder 2'05".

KONZERT FÜR ZWEI CEMBALI IN c-MOLL (BWV 1060)						
Nr.	Tempo-bezeich-nung	Takt-art	Tempo-stufe	Taktzahl, umgerechnet auf C $\downarrow$ = p	Struktu-relle Interpre-tation	Dauer
1	allegro	C	$\downarrow$ = 3/2 p	110:3x2=73,33	72	5'00"
2	largo ovvero adagio	12/8	$\downarrow$. = 3/4 p	37:3x4=49,33	36+12	2'30"+0'50"
3	allegro	2/4	$\downarrow$ = 3/2 p	178:3=59,33	72–12	5'00"–0'50"
				181,99	180	12'30"

Das Konzert für zwei Cembali in c-Moll BWV 1060 ist die Bearbeitung eines Konzerts für zwei Melodieinstrumente: „Fasst man den Stand der Forschung zusammen, so können die Außensätze von BWV 1060 mit größter Wahrscheinlichkeit einem früheren Doppelkonzert c-Moll für Oboe und Violine zugewiesen werden, dessen Mittelsatz bei der Bearbeitung für 2 Cembali vielleicht jedoch durch das vorliegende Largo ovvero Adagio ausgetauscht wurde, weil sich die ursprüngliche Vorlage … nicht für zwei Tasteninstrumente eignete" – so Siegbert Rampe im Anschluss an Joshua Rifkin.[11]

Gegenüber BWV 1061a sind die Taktvorzeichnungen der drei Sätze leicht variiert, nämlich im ersten Satz gegenüber dort ℂ hier *allegro* C, im zweiten Satz gegenüber dort *adagio ovvero largo* 6/8 hier *largo ovvero adagio* 12/8, im dritten Satz gegenüber dort ℂ hier *allegro* 2/4. Diese Varianten machen für den ersten Satz als der Eröffnung eines Konzerts keinen Unterschied. Im zweiten Satz fassen sie zwei Takte zu einem Takt zusammen, im dritten Satz teilen sie einen Takt in zwei Takte. Insofern bleiben sie ohne Einfluss auf die Tempostufen, hindern also nicht, dass die Tempostufen der drei Sätze hier und dort übereinstimmen, nämlich im ersten Satz 3/2 p, bezogen auf das Viertel, im zweiten Satz die halbe Tempostufe 3/4 p, bezogen auf den triolierten Bezugswert des punktierten Viertels. Der letzte Satz schließlich greift die Tempostufe 3/2 p, bezogen auf das Viertel, des ersten Satzes wieder auf; auch hier also eine Wiederholung der Tempostufe des ersten im letzten Satz. Die Bezeichnungen der Mittelsätze beider Konzerte veranlassen die Überlegung, ob *adagio* und *largo* hinsichtlich der Tempostufe allgemein gleichbedeutend sein könnten.

Der einzige tatsächliche Unterschied besteht in der Dauer des ersten Satzes, der in BWV 1061a drei große Einheiten und damit eine große Einheit mehr umfasst als in BWV 1060. Dessen erster Satz beschränkt sich auf zwei große Einheiten, während sein zweiter Satz mit einer und sein letzter Satz mit zwei großen Einheiten übereinstimmt; dabei ist der zweite Satz um zwei kleine Einheiten vermehrt, die der dritte Satz durch die Verminderung um diesen Betrag ausgleicht. Somit umfasst das Konzert fünf große Einheiten von 180 Normaltakten oder 12'30".

Das andere Konzert für zwei Cembali in c-Moll BWV 1062 ist eine Bearbeitung des Konzerts für zwei Violinen in d-Moll BWV 1043 (NBA VII/3); Siegbert Rampe hat diese Vorlage auf eine Triobesetzung für zwei Violinen und Violoncello ohne Ripieno zurückgeführt.[12] In den beiden überlieferten Fassungen stimmen die Taktzahlen der drei Sätze überein. Die Tempobezeichnungen dagegen weichen ab, wie die Übersicht auf der nächsten Seite zeigt. Im ersten Satz als dem ersten eines Konzerts bedeutet C der Fassung für zwei Cembali gegenüber ℂ *vivace* der Fassung für zwei Violinen keinen Unterschied der Tem-

---

[11] In: Bach-Handbuch 5/1, S. 310.
[12] Vgl. Bach-Handbuch 5/1, S. 254–264 und 315f.

	BWV 1043	BWV 1062	Tempostufen
1. Satz	₵ vivace	C	♩ = 3/2 p
2. Satz	12/8 largo (ma non tanto)	12/8 andante	♩. = 3/4 p
3. Satz	3/4 allegro	3/4 allegro assai	♩ = 3/2 p

postufen, ebenso wenig wie der Zusatz *assai*, der im letzten Satz bei der Fassung für zwei Cembali dem *allegro* der Fassung für zwei Violinen beigegeben ist. Dagegen stehen im zweiten Satz das *largo* der Fassung für zwei Violinen, dem nachträglich *ma non tanto* hinzugefügt wurde[13], und das *andante* der Fassung für zwei Cembali einander gegenüber. Ich halte es angesichts der beibehaltenen Satzstruktur für ausgeschlossen, dass diese verschiedenen Bezeichnungen, die sich zu widersprechen scheinen, eine Änderung der Tempostufe indizieren. Denkbar wäre, dass sich darin eine zeitliche Differenz der beiden Fassungen manifestiert, dass nämlich ein und dieselbe Tempostufe früher die zutreffende Bezeichnung *largo* erhielt (was immerhin nachträglich durch den Zusatz *ma non tanto* beschleunigt wurde), später dagegen als zutreffende Vorschrift *andante* forderte.

KONZERT FÜR ZWEI CEMBALI IN c-MOLL (BWV 1062)						
Nr.	Tempo- bezeich- nung	Takt- art	Tempo- stufe	Taktzahl, umgerechnet auf C ♩ = p	Struktu- relle Interpre- tation	Dauer
1		C	♩ = 3/2 p	88:3x2=58,67	36+18	2'30"+1'15"
2	andante	12/8	♩. = 3/4 p	50:3x4=66,67	72–6	5'00"–0'25"
3	allegro assai	3/4	♩ = 3/2 p	154:2=77	72+6	5'00"+0'25"
				202,34	180+18	12'30"+1'15"

Unter der Voraussetzung, dass die Tempostufe des zweiten Satzes auch in der Fassung für zwei Cembali unabhängig von der Tempovorschrift nach der

---

[13] Dietrich Kilian und Georg von Dadelsen, in: NBA VII/3, KB, S. 31 und 40. Zur Quelle vgl. Peter Wollny, *Zur Überlieferung der Instrumentalwerke Johann Sebastian Bachs: Der Quellenbesitz Carl Philipp Emanuel Bachs*, in: Bach-Jahrbuch 1996, S. 7–21, hier S. 7–10.

beibehaltenen Satzstruktur zu bestimmen ist, verfügt auch dieses Konzert in allen drei Sätzen beider Fassungen über die aus den beiden anderen Konzerten für zwei Cembali bekannten Tempostufen, nämlich für den ersten Satz 3/2 p, bezogen auf das Viertel, für den zweiten Satz die halbe Tempostufe 3/4 p, bezogen auf den triolierten Bezugswert des punktierten Viertels, und für den dritten Satz wie für den ersten 3/2 p, bezogen auf das Viertel. Allerdings bietet dieser Satz eine bemerkenswerte Variation; denn während der erste und der zweite Satz mit dem geraden und dem 12/8-Takt sich an die anderen Konzerte für zwei Cembali anschließen, verwandelt das vorliegende Konzert den geraden Takt des ersten Satzes für den dritten Satz in einen ungeraden 3/4-Takt.

Der erste Satz bietet eine große Einheit, die um drei kleine Einheiten erhöht wird; der zweite und der dritte fügen dem jeweils zwei große Einheiten hinzu, die beim zweiten Satz um eine kleine Einheit vermindert und beim dritten Satz um diesen Betrag ausgleichend vermehrt werden. So erreicht das Konzert fünf große Einheiten von 180 Normaltakten oder 12'30", die um drei kleine Einheiten von 18 Normaltakten oder 1'15" erhöht sind.

Konzerte für drei Cembali

Das eine der beiden Konzerte für drei Cembali in d-Moll (BWV 1063) ist, wie Siegbert Rampe schreibt, „als Konzert für 3 Violinen, Streicher und Continuo rekonstruierbar, selbst wenn manche Stimmführung insbesondere der Solisten sowie die Solopassagen der 1. Violine nicht mit letzter Sicherheit zu ermitteln sein werden und der ursprüngliche Mittelsatz verloren bleibt".[14]

KONZERT FÜR DREI CEMBALI IN d-MOLL (BWV 1063)						
Nr.	Tempo-bezeich-nung	Takt-art	Tempo-stufe	Taktzahl, umgerechnet auf C $\quartnote$ = p	Struktu-relle Interpre-tation	Dauer
1		3/8	$\eighthnote$ = 3 p	289:4=72,25	72	5'00"
2	alla Siciliana	6/8	$\dottedquarter$. = 3/4 p	68:3x2=45,33	36+12	2'30"+0'50"
3	allegro	2/4	$\quartnote$ = 3/2 p	224:3=74,67	72	5'00"
				192,25	180+12	12'30"+0'50"

---

[14] In: Bach-Handbuch 5/1, S. 419.

Das Konzert beginnt mit einem 3/8- und endet mit einem 2/4-Takt *allegro*; der Mittelsatz zwischen beiden steht im 6/8-Takt *alla Siciliana*. Diese gegenüber der üblichen umgekehrte Satzfolge bietet im ersten Satz die Tempostufe 3 p, bezogen auf das Achtel, und im letzten Satz die Tempostufe 3/2 p, bezogen auf das Viertel; der zwischen beiden stehende mittlere Satz bezieht seine Tempostufe 3/4 p auf den triolierten Wert des punktierten Viertels. Der erste und der letzte Satz umfassen je zwei große Einheiten, der mittlere Satz eine große Einheit, die um zwei kleine Einheiten erhöht ist. Das ergibt fünf große Einheiten von 180 Normaltakten oder 12'30", zu denen zwei kleine Einheiten von 12 Normaltakten oder 0'50" hinzutreten.

Das andere Konzert für drei Cembali in C-Dur (BWV 1064) geht „aller Wahrscheinlichkeit nach auf ein Kammerkonzert D-Dur für 3 Violinen, Violoncello und Continuo zurück, zu dem erst bei der Bearbeitung C-Dur für 3 Cembali ein vollständiger Ripienosatz hinzutrat".[15]

KONZERT FÜR DREI CEMBALI IN C-DUR (BWV 1064)					
Nr.	Tempobezeichnung	Taktart	Tempostufe	Taktzahl, umgerechnet auf C ♩ = p	Strukturelle Interpretation	Dauer
1		C	♩ = 3/2 p	141:3x2=94	72+18	5'00"+1'15"
2	adagio	C	♩ = 3/4 p	47:3x4=62,67	72–12	5'00"–0'50"
3	allegro	₵	𝅗𝅥 = 3/2 p	192:3=64	72–6	5'00"–0'25"
				220,67	216	15'00"

Merkwürdigerweise stehen alle drei Sätze des Konzerts in einem geraden Takt, der erste Satz unter C, der zweite Satz unter C *adagio*, der dritte Satz unter ₵ *allegro*. Die Tempostufe für die beiden Außensätze lautet 3/2 p, bezogen im ersten Satz auf das Viertel, im dritten Satz auf die Halbe, für den Mittelsatz 3/4 p, also die halbe Tempostufe, bezogen auf das Viertel. Jeder der drei Sätze umfasst zwei große Einheiten oder 5'00". Die drei kleinen Einheiten oder 1'15", die der erste Satz hinzufügt, werden durch Verminderungen im zweiten Satz um zwei kleine Einheiten, im dritten Satz um eine kleine Einheit ausgeglichen. Das ergibt als Summe sechs große Einheiten von 216 Normaltakten oder 15'00".

---

[15] S. Rampe, in: Bach-Handbuch 5/1, S. 321.

Konzert für vier Cembali

Das Konzert für vier Cembali, Streicher und Basso continuo in a-Moll (BWV 1065) ist eine Bearbeitung des Konzerts für vier Violinen, Streicher und Basso continuo in h-Moll op. 3 Nr. 10 von Antonio Vivaldi. Da es sich um eine Bearbeitung nach Vivaldi handelt, fällt es nur begrenzt in Bachs Zuständigkeit. Vermutlich gibt es weniger Auskunft über Vivaldis Tempovorstellungen als vielmehr darüber, wie Bach Vivaldi verstand.

KONZERT FÜR VIER CEMBALI IN a-MOLL (BWV 1065)					
Nr.	Tempobezeichnung	Taktart	Tempostufe	Taktzahl, umgerechnet auf C $\downarrow$ = p	Strukturelle Interpretation	Dauer
1		C	$\downarrow$ = 3/2 p	103:3x2=68,67	72–6	5'00"–0'25"
2	largo	3/4	$\downarrow$ = 3/4 p	40	36+6	2'30"+0'25"
3	allegro	6/8	$\downarrow$ = 3 p	123:2=61,5	36+24	2'30"+1'40"
				170,17	144+24	10'00"+1'40"

Der erste Satz zeigt unter der Taktvorzeichnung C die Tempostufe 3/2 p, bezogen auf das Viertel, der zweite unter *largo* im 3/4-Takt die halbe Tempostufe 3/4 p, ebenfalls bezogen auf das Viertel, der dritte Satz unter *allegro* im 6/8-Takt die verdoppelte Tempostufe 3 p, bezogen auf das Achtel. Insofern fügt sich das Konzert ohne Weiteres in das ein, was von den sechs Konzerten für ein Cembalo her bekannt ist. Der erste Satz umfasst zwei große Einheiten, der zweite und der dritte Satz je eine große Einheit. Der erste und der zweite Satz gleichen eine Verminderung und eine Vermehrung um eine kleine Einheit gegeneinander aus; der dritte Satz und damit das Konzert sind um vier kleine Einheiten vermehrt. Die gesamte Dauer der vier großen Einheiten von 144 Normaltakten oder 10'00", zu denen die vier kleinen Einheiten von 24 Normaltakten oder 1'40" hinzutreten, ergibt ein verhältnismäßig kurzes Konzert.

Zusatz 1: Das Italienische Konzert

Das Italienische Konzert in F-Dur für Cembalo allein (BWV 971) kann, wie der folgende Überblick zeigt, formal den Konzerten für mehrere Cembali zugeordnet werden.[16] Seine beiden Außensätze bieten einen geraden Takt der Tempostufe 3/2 p, der erste in einem Takt zu 2/4 bezogen auf das Viertel, der letzte unter der Vorschrift *presto* und dem Zeichen ₵ bezogen auf die Halbe. Der mittlere Satz wechselt zu einem 3/4-Takt der halben Tempostufe 3/4 p; für die Vorschrift *andante* gelten entsprechende Überlegungen wie oben (S. 32) für den Mittelsatz des Konzerts für zwei Cembali in c-Moll (BWV 1062).

DAS ITALIENISCHE KONZERT IN F-DUR (BWV 971)						
Nr.	Tempobezeichnung	Taktart	Tempostufe	Taktzahl, umgerechnet auf C ♩ = p	Strukturelle Interpretation	Dauer
1		2/4	♩ = 3/2 p	192:3=64	72–6	5'00"–0'25"
2	andante	3/4	♩ = 3/4 p	49	36+6	2'30"+0'25"
3	presto	₵	♩ = 3/2 p	210:3=70	72	5'00"
				183	180	12'30"

Der erste und der letzte Satz umfassen zwei große Einheiten, der mittlere Satz eine große Einheit. Zwischen erstem und zweitem Satz gleicht sich die Verminderung und Vermehrung um eine kleine Einheit aus. So beläuft sich das ganze Konzert auf fünf große Einheiten von 180 Normaltakten oder 12'30".

Zusatz 2: Das Tripelkonzert in a-Moll

Das Tripelkonzert in a-Moll für Cembalo, Traversflöte, Violine und Streicher (BWV 1044) geht in den Außensätzen auf Praeludium und Fuge in a-Moll für Cembalo allein (BWV 894) zurück; der Mittelsatz des Konzerts bietet den gleichen kompositorischen Grundriss wie der langsame Satz der Sonate für zwei Klaviere und Pedal in d-Moll (BWV 527/2), der dort in F-Dur steht und hier nach C-Dur transponiert ist. Dietrich Kilian fasst das Bearbeitungsverfahren zusammen: „Das ungewöhnliche Werk stellt auch innerhalb der zahlreichen Konzertbearbeitungen Bachs ein Unikum dar. Denn in seinen übrigen Konzert-Transkriptionen richtet Bach im wesentlichen nur die ursprünglichen Solostimmen in der erforderlichen Transposition für das Cembalo ein und verbessert dabei auch den Orchestersatz, läßt aber die Anlage im übrigen unange-

---

[16] Das Konzert ist herausgegeben von Walter Emery und Christoph Wolff in NBA V/2 (1977, KB 1981).

tastet und verändert auch den Umfang der einzelnen Sätze nicht. Hier jedoch bleibt das ursprüngliche Soloinstrument, das Cembalo, erhalten. Ihm werden aber zwei weitere Soloinstrumente, Flöte und Violine, beigegeben, und die beiden Ecksätze werden wesentlich erweitert; er erste von 98 auf 149, der zweite von 153 auf 245 Takte." Im vorliegenden Zusammenhang bestimmt diese Besonderheit das Ziel der Untersuchung. Sie hat die Erweiterung der Außensätze ins Auge zu fassen, nämlich das Verhältnis zwischen der Dauer der Vorlage und der Dauer der Bearbeitung im Einzelnen darzustellen.[17]

Die Betrachtung, für die die Tabellen auf der nächsten Seite heranzuziehen sind, beginnt mit einem Vergleich zwischen Praeludium und Fuge auf der einen und den Außensätzen des Konzerts auf der anderen Seite; sie legt für das Praeludium die Spätfassung zugrunde, die drei Takte mehr als die Frühfassung bietet. Das Praeludium steht ohne Tempobezeichnung unter der Taktvorzeichnung C, der erste Satz des Konzerts mit der Tempobezeichnung *allegro* ebenfalls unter der Taktvorzeichnung C. Selbst wenn die Tempobezeichnung *allegro* fehlte, belegt die Möglichkeit, den Satz als Eröffnung eines Konzerts zu verwenden, auch für das Praeludium die Tempostufe 3/2 p, bezogen auf das Viertel. Die Taktvorzeichnung 12/16 der Fuge fordert die Tempostufe 2 p, bezogen auf das punktierte Achtel. Im Konzert wird die Fuge einen Notenwert größer unter der Vorzeichnung ₵ in einem Takt zu zwei Halben notiert. Das bedeutet, dass sich die Tempostufe 2 p dort auf das triolierte Viertel bezieht, was für die Halbe die Tempostufe p in sich schließt. Die Bezeichnung *tempo di allabreve* bestätigt das; denn sie schließt das Missverständnis aus, dass der Satz unter der Vorzeichnung ₵ der Tempostufe 3/2 p, bezogen auf die Halbe, angehört, was in einem Konzert sonst naheläge.

Unter dieser Voraussetzung umfassen das Praeludium und die Fuge je zwei große Einheiten, von denen beim Praeludium eine kleine Einheit abgezogen, bei der Fuge ausgleichend eine kleine Einheit hinzugefügt wird, sodass sich beide zusammen auf vier große Einheiten belaufen. Demnach beträgt die strukturelle Dauer des Praeludiums 72–6 und der Fuge 72+6 Normaltakte oder 5'00"–0'25" und 5'00"+0'25", zusammen 144 Normaltakte oder 10'00". Im Konzert umfassen der erste und der dritte Satz je drei große Einheiten, von denen beim ersten Satz zwei kleine Einheiten abgezogen, beim dritten Satz ausgleichend zwei kleine Einheiten hinzugefügt werden, sodass sich beide zusammen auf sechs große Einheiten belaufen. Demnach beträgt die strukturelle

---

[17] Das Konzert ist herausgegeben von Dietrich Kilian in NBA VII/3 (1986, KB 1989); das Zitat im Kritischen Bericht von ihm und Georg von Dadelsen, S. 47. Die Vorlage BWV 894 in NBA V/9.2 (1999), S. 40–68, herausgegeben von Uwe Wolf, mit KB (2000), S. 70–101; dort eine Analyse der verschiedenen Fassungen vor allem des Praeludiums. Zur Forschungsgeschichte vgl. Siegbert Rampe, in: Bach-Handbuch 5/1, S. 346–356, und in: derselbe (Hrsg.), *Bachs Klavier- und Orgelwerke*, Teilband 1, Laaber 2007 (Bach-Handbuch 4/1), S. 392–395.

Dauer des ersten Satzes 108–12 und des dritten Satzes 108+12 Normaltakte oder 7'30"–0'50" und 7'30"+0'50", zusammen 216 Normaltakte oder 15'00". Die Außensätze des Konzerts erweitern somit Praeludium und Fuge jeweils für sich und beide zusammen um die Hälfte auf das Anderthalbfache des ursprünglichen Werts ihrer großen Einheiten. Darin besteht das Prinzip der Erweiterung.

PRAELUDIUM UND FUGE a-MOLL (BWV 894)						
Nr.	Tempo-bezeich-nung	Takt-art	Tempo-stufe	Taktzahl, umgerechnet auf C $\downarrow$ = p	Struktu-relle Interpre-tation	Dauer
1	Praelu-dium	C	$\downarrow$ = 3/2 p	98:3x2=65,33	72–6	5'00"–0'25"
2	Fuga	12/16	$\downarrow$. = 2 p	153:2=76,5	72+6	5'00"+0'25"
				141,83	144	10'00"

AUSSENSÄTZE DES TRIPELKONZERTS IN a-MOLL (BWV 1044)						
Nr.	Tempo-bezeich-nung	Takt-art	Tempo-stufe	Taktzahl, umgerechnet auf C $\downarrow$ = p	Struktu-relle Interpre-tation	Dauer
1	allegro	C	$\downarrow$ = 3/2 p	149:3x2=99,33	108–12	7'30"–0'50"
3	tempo di allabreve	¢	$\downarrow$ = p	245:2=122,5	108+12	7'30"+0'50"
				221,83	216	15'00"

Im Konzert tritt zwischen die Außensätze der langsame Satz. Er umfasst in der Vorlage zwei Reprisen von 8 und 24, zusammen 32 Takten zu 6/8 unter der Vorschrift *adagio* und der Tempostufe 3/2 p, bezogen auf das Achtel. Das entspricht der Tempostufe 1/2 p, bezogen auf das punktierte Viertel, und ergibt 32 Normaltakte. Im Konzert ist der Vorschrift *adagio* ein *ma non tanto* beigesetzt, das indessen keinen Einfluss auf die Tempostufe nimmt. Die Reprisen sind verändert, sodass sich der Satz auf 64 Takte beläuft, an die noch zwei Takte eines Halbschlusses von C-Dur des Satzes zur V. Stufe von a-Moll, der Tonart des folgenden dritten Satzes, angehängt werden. Die 66 Takte ergeben auch hier ebenso viele Normaltakte, nämlich 36+30 strukturelle Takte. Sie fügen den sechs großen Einheiten des Konzerts eine weitere große Einheit hinzu. Somit erreicht das Konzert insgesamt sieben große Einheiten, nämlich 7x36=252 Normaltakte oder 17'30", zu denen noch fünf kleine Einheiten, nämlich 30 Normaltakte oder 2'05" hinzukommen.

Übersicht

Auch wenn es sich bei den Konzerten für mehrere Cembali um Einzelwerke handelt, können sie in einer Übersicht zusammengefasst werden. Sie bezieht außer dem Italienischen Konzert (BWV 971) und dem Tripelkonzert (BWV 1044) auch das Konzert für ein Cembalo in g-Moll (BWV 1058) ein; denn diese Konzerte können so genauer eingeordnet werden. Zudem ermöglicht ein Vergleich mit der Übersicht der sechs Konzerte für ein Cembalo (S. 23), den Unterschied der Normen zu erkennen, der zwischen den beiden Übersichten besteht.

Dem ersten Satz der Konzerte eignet hier, wie bei den sechs Konzerten für ein Cembalo, ein gerader Takt der Tempostufe 3/2 p, bezogen auf das Viertel. Abgesehen von dem Sonderfall des Tripelkonzerts bieten vier Konzerte, darunter eines mit der Tempovorschrift *allegro*, die Taktvorzeichnung C und eines die Taktvorzeichnung ₵; zwei halbieren den Takt zu vier Vierteln in zwei Takte zu zwei Vierteln. Ein Konzert schließlich macht mit einem 3/8-Takt der Tempostufe 3 p, bezogen auf das Achtel, eine Ausnahme. Hinsichtlich des ersten Satzes stimmen die normativen Möglichkeiten der beiden Übersichten demnach überein.

Auch der zweite Satz steht den sechs Konzerten für ein Cembalo nahe. Denn er erhält wie dort die halbe Tempostufe 3/4 p. Die Taktarten mit dem Bezugswert des Viertels und des punktierten Viertels stehen im Gleichgewicht. Die triolierten Takte werden nicht nur als 12/8, sondern auch als 6/8 notiert. Zum 3/4-Takt tritt allerdings gleichberechtigt unter dem Zeichen C der Takt zu vier Vierteln, der bei den sechs Konzerten die Stellung einer Ausnahme einnimmt. Zwischen den beiden Übersichten hat sich also in dieser Hinsicht die Gewichtung verschoben. Außerdem zeigt der langsame Satz des Tripelkonzerts, der aus den Sonaten für zwei Klaviere und Pedal übernommen ist, einen 6/8-Takt der Tempostufe 3/2 p, bezogen auf das Achtel, was der Tempostufe 1/2 p, bezogen auf das punktierte Viertel, entspricht.

Im Gegensatz zum ersten Satz ist auch hier der zweite Satz durchgängig mit Tempovorschriften versehen. Ein Paar der Taktvorzeichnung 6/8 und 12/8 ist mit *adagio ovvero largo* und *largo ovvero adagio*, ein anderes mit *andante* und *alla Siciliana* bezeichnet. Die beiden Taktvorzeichnungen 3/4 erhalten *largo* und *andante*, die beiden Taktvorzeichnungen C *adagio* und *andante*; in derselben Taktart

und Tempostufe stehen hier also *largo* oder *adagio* und *andante* einander gegenüber, ohne dass dies auf die Tempostufe einen Einfluss hat (vgl. oben S. 32).
Der langsame Satz des Tripelkonzerts erhält die Vorschrift *adagio ma non tanto*.

DIE KONZERTE FÜR MEHRERE CEMBALI
UND DREI ZUSÄTZLICHE KONZERTE
TEMPOVORSCHRIFTEN, TAKTARTEN UND TEMPOSTUFEN DER DREI SÄTZE

BWV	Erster Satz		Zweiter Satz		Dritter Satz		Dauer insgesamt
1061 a		𝄵 ♩ = 3/2 p	adagio ovvero largo	6/8 ♩. = 3/4 p	Fuga (vivace)	𝄵 ♩ = 3/2 p	15'00" +2'05"
1060	allegro	C ♩ = 3/2 p	largo ovvero adagio	12/8 ♩. = 3/4 p	allegro	2/4 ♩ = 3/2 p	12'30"
1062		C ♩ = 3/2 p	andante	12/8 ♩. = 3/4 p	allegro assai	3/4 ♩ = 3/2 p	12'30" +1'15"
1063		3/8 ♪ = 3 p	alla Si-ciliana	6/8 ♩. = 3/4 p	allegro	2/4 ♩ = 3/2 p	12'30" +0'50"
1064		C ♩ = 3/2 p	adagio	C ♩ = 3/4 p	allegro	𝄵 𝅗𝅥 = 3/2 p	15'00"
1065		C ♩ = 3/2 p	largo	3/4 ♩ = 3/4 p	allegro	6/8 ♪ = 3 p	10'00" +1'40"
1058		2/4 ♩ = 3/2 p	andante	C ♩ = 3/4 p	allegro assai	9/8 ♩. = 2 p	10'00" +1'40"
971		2/4 ♩ = 3/2 p	andante	3/4 ♩ = 3/4 p	presto	𝄵 𝅗𝅥 = 3/2 p	12'30"
1044	allegro	C ♩ = 3/2 p	adagio ma non tanto	6/8 ♪ = 3/2 p	tempo di allabreve	𝄵 𝅗𝅥 = p	17'30" +2'05"

Im dritten Satz sind, mit drei Ausnahmen, stets gerade Takte der Tempostu-
fe 3/2 p vorgezeichnet, nämlich dreimal 𝄵, davon einmal bezogen auf das
Viertel und zweimal auf die Halbe, ferner zweimal 2/4, bezogen auf das Vier-
tel. Die drei Ausnahmen betreffen einmal nur die Taktart, nämlich 3/4 der
Tempostufe 3/2 p, ebenfalls bezogen auf das Viertel, ferner zweimal die Takt-
art und die Tempostufe, nämlich 6/8 der Tempostufe 3 p, bezogen auf das
Achtel, und 9/8 der Tempostufe 2 p, bezogen auf das punktierte Viertel. Die
Tempovorschriften lauten in der Regel *allegro*, das zweimal von *assai* ergänzt

und je einmal von *vivace* und *presto* ersetzt wird; *vivace* steht nur in der Fassung BWV 1061 mit zugefügtem Ripieno der Streicher (wo sich der zweite Satz auf ein bloßes *adagio* beschränkt), *presto* im Italienischen Konzert mit dem Bezugswert der Halben.

Der Kontrast zum dritten Satz der sechs Konzerte für ein Cembalo ist deutlich. Übertrieben könnte man sagen, was dort die Regel, ist hier die Ausnahme, und umgekehrt. Denn die dortige Regel, der 3/8-Takt der Tempostufe 3 p, tritt hier nur einmal, noch dazu in der Bearbeitung nach Vivaldi (BWV 1065), auf und ist als 6/8-Takt notiert. Dagegen ist das, was in den sechs Konzerten nur als Ausnahme beim letzten Konzert (BWV 1057) vorkommt, nämlich ein gerader Takt der Tempostufe 3/2 p, hier die Regel. Denn der dritte Satz greift die zeitliche Organisation des ersten Satzes wieder auf und stimmt darin mit ihm überein. Die beiden Außensätze umrahmen den Mittelsatz, der über eine definierte Variationsbreite verfügt.

Sowohl bei den einzelnen Konzerten wie im Werk der sechs Konzerte gibt der erste Satz die eindeutige Auskunft: Das hier ist ein Konzert. Der zweite Satz ruft hierauf die Erwartung hervor, für welche der vorhandenen Möglichkeiten er sich entscheiden wird. Beim dritten Satz jedoch verzweigt sich der Weg. In den einzelnen Konzerten wiederholt er am Ende die Auskunft des Anfangs: Das hier war ein Konzert. In den sechs Konzerten dagegen überbietet er die erwartete Bestätigung durch eine gesteigerte Variante.

Die formale Anlage der sechs Konzerte für ein Cembalo ist gegenüber den einzelnen Konzerten reicher differenziert und systematisch strukturiert; sie konstituiert das Werk und stellt gegenüber den einzelnen Konzerten für mehrere Cembali und den ihnen hier angegliederten Konzerten eine höhere Stufe dar – vielleicht sogar die höchste, die unter den gegebenen Umständen erreicht werden konnte. Das Werk der sechs Konzerte setzt eine neue Norm und lässt die Norm der einzelnen Konzerte hinter sich.

Die Betrachtung der Dauern der Konzerte und ihrer Sätze legt auch hier die großen Einheiten von 36 Takten oder 2'30" zugrunde und vernachlässigt die Modifikationen der kleinen Einheiten. Außerdem sind sogleich die sechs Konzerte für ein Cembalo einbezogen. Denn hinsichtlich der Dauern der ganzen Konzerte und der internen Gliederung in ihre einzelnen Sätze besteht zwischen den einzelnen Konzerten und den sechs Konzerten kein Unterschied. Die vier Tabellen auf der nächsten Seite sind in steigender Dauer nach den zugrundeliegenden Mustern angeordnet. Diese Muster sind stets am Anfang jeder Tabelle genannt.

Tabelle 1		a	b	b
BWV	Muster	1056	1058	1065
1. Satz	1	1	1½	2
2. Satz	1	1	1	1
3. Satz	1	1	1½	1
Summe	3	3	4	4
Dauer	7'30"	7'30"	10'00"	10'00"

Tabelle 2		a	b	b	b	b
BWV	Muster	1055	1060	1062	1063	971
1. Satz	2	2	2	1	2	2
2. Satz	1	1	1	2	1	1
3. Satz	2	2	2	2	2	2
Summe	5	5	5	5	5	5
Dauer	12'30"	12'30"	12'30"	12'30"	12'30"	12'30"

Tabelle 3		a	a	b	b	a	b
BWV	Muster	1054	1057	1061a	1064	1053	1044
1. Satz	2	3	3	3	2	3	3
2. Satz	2	2	1	1	2	1	1
3. Satz	2	1	2	2	2	3	3
Summe	6	6	6	6	6	7	7
Dauer	15'00"	15'00"	15'00"	15'00"	15'00"	17'30"	17'30"

Tabelle 4		a
BWV	Muster	1052
1. Satz	3	3
2. Satz	3	2
3. Satz	3	4
Summe	9	9
Dauer	22'30"	22'30"

Die kleinen Buchstaben a und b am Kopf jeder Tabelle bezeichnen die Zugehörigkeit (a) zu den sechs Konzerten für ein Cembalo und (b) zu den einzelnen Konzerten. In den Zeilen darunter folgen die Nummer nach BWV, die Dauern der drei Sätze und des ganzen Konzerts in großen Einheiten, schließlich die Dauer jedes Konzerts in Vielfachen von 2'30".

Die Tabellen 2 und 3 gehören zusammen, mussten jedoch wegen ihres Umfangs getrennt werden. Sie umfassen die Konzerte, die auf die Basis von sechs großen Einheiten, zwei für jeden Satz, bezogen sind. Die Konzerte, die dieser Basis genau entsprechen und die Dauer von 15'00" bieten, stehen am Anfang der Tabelle 3; an deren Ende sind die Konzerte angefügt, die diese Basis um eine auf sieben Einheiten oder 17'30" vermehren. Die Konzerte dagegen, die diese Basis um eine Einheit auf fünf Einheiten oder 12'30" vermindern, stehen in Tabelle 2. Hier sind als Muster nicht die sechs Einheiten der Basis, sondern die um eine Einheit verminderte Zahl von fünf Einheiten oder 12'30" genannt; denn diesem um eine Einheit des langsamen Satzes verminderten Muster kommt für die einzelnen Konzerte eine herausragende Bedeutung zu. Tabelle 1 bietet das Muster von drei Einheiten oder 7'30", nämlich für jeden Satz eine Einheit, und dessen Vermehrung um eine auf vier Einheiten oder 10'00", Tabelle 4 das Muster von neun Einheiten oder 22'30", nämlich für jeden Satz drei Einheiten.

In Tabelle 2 sind fünf Konzerte der Dauer 12'30" vereinigt. Davon zählen vier zu den einzelnen Konzerten, nämlich zwei zu den Konzerten für zwei Cembali (BWV 1060 und 1062, beide in c-Moll), eines zu den Konzerten für drei Cembali (BWV 1063 in d-Moll) und das Italienische Konzert (BWV 971), nur eines jedoch zu den sechs Konzerten (BWV 1055 in A-Dur). Mit einer Ausnahme stimmt die interne Gliederung dieser Konzerte überein. Sie bieten eine Einheit des Mittelsatzes zwischen den je zwei Einheiten der Außensätze; nur das Konzert BWV 1062, das auf das Konzert für zwei Violinen zurückgeht, lässt auf eine Einheit des ersten je zwei Einheiten des zweiten und dritten Satzes folgen. Die Zahl von vier einzelnen Konzerten, die hier versammelt sind, bestätigt die Funktion ihrer übereinstimmenden Dauer als maßgebend. Das Italienische Konzert ist von Anfang an als Muster eines Konzerts anerkannt worden. Das gilt auch für seine Dauer, die die fünf Einheiten oder 12'30" als Norm auszeichnet. Gegenüber dieser Norm sind die sechs Einheiten oder 15'00", die den Bezugspunkt der sechs Konzerte darstellen, eine Steigerung, die sich aus der besonderen Anlage des Werks ergibt.

In Tabelle 3 stehen zunächst vier Konzerte der Dauer 15'00", nämlich zwei der sechs Konzerte (BWV 1054 in D-Dur und 1057 in F-Dur) und zwei der einzelnen Konzerte, je eines für zwei Cembali (BWV 1061a in C-Dur) und eines für drei Cembali (BWV 1064, ebenfalls in C-Dur). Davon verwirklicht ein Konzert (BWV 1064) das Muster von je zwei Einheiten für jeden Satz. Die drei anderen beginnen mit drei Einheiten des ersten Satzes; davon vollziehen einmal der dritte Satz (BWV 1054) und zweimal der Mittelsatz (BWV 1057 und 1061a) den Ausgleich durch die Beschränkung auf eine Einheit. Von den beiden Konzerten der Dauer 17'30", die das Ende der Tabelle 3 bilden, gehört das eine (BWV 1053 in E-Dur) den sechs Konzerten, das andere, nämlich das Tripelkonzert (BWV 1044), den einzelnen Konzerten an. Beide bieten eine Einheit des Mittelsatzes zwischen den je drei Einheiten der Außensätze. Die geringe Zahl von zwei Konzerten, die hier stehen, ergibt sich bei dem Konzert aus den sechs Konzerten wieder aus der Anlage des Werks. Im Tripelkonzert jedoch verweist sie auf seine singuläre Entstehungsgeschichte und die innere Größe seines Entwurfs, die daraus resultiert.

Diese Größe des Entwurfs eignet in noch höherem Maß der Eröffnung der sechs Konzerte (BWV 1052 in d-Moll), dem einzigen Konzert der Dauer 22'30", das in Tabelle 4 einzuordnen ist. Ihm liegt das Muster von neun großen Einheiten, drei für jeden Satz, zugrunde, von denen eine Einheit vom zweiten an den dritten Satz übergeben wird. Die Entscheidung, damit das Werk der sechs Konzerte zu eröffnen, war eine Vorgabe für dessen Anlage. Die Entscheidung forderte zwar nicht eine bestimmte Lösung; indessen entwarf sie ein Feld der Möglichkeiten, zumal wenn die vorhandenen und zur Bearbeitung geeigneten Werke zu berücksichtigen waren.

Der Größe dieses Entwurfs antwortet die Knappheit eines anderen der sechs Konzerte mit der Dauer von 7'30", das als einziges dieser Kürze in Tabelle 1 steht (BWV 1056 in f-Moll). Jeder Satz erhält von seinen drei Einheiten eine Einheit. Zwei einzelne Konzerte erweitern die Dauer um eine Einheit auf 10'00". Das eine dieser Konzerte (BWV 1058 in g-Moll) ist für ein Cembalo bestimmt und verteilt die hinzugefügte Einheit je zur Hälfte auf die Außensätze; diese Manipulation führt zu seiner abseitigen Stellung innerhalb der hier betrachteten Konzerte. Das andere Konzert für vier Cembali (BWV 1065 in a-Moll) ist die Bearbeitung einer Vorlage Vivaldis, die für seine Kürze verantwortlich ist.

Die drei Konzerte der Tabelle 1, die zwei Konzerte am Ende der Tabelle 3 und das eine Konzert der Tabelle 4 verfügen, jedes in seiner Weise, über eine Eigenheit. Das unterscheidet sie von den neun Konzerten, nämlich von den fünf Konzerten, die in Tabelle 2, und den vier Konzerten, die am Anfang von Tabelle 3 zusammengefasst sind. Denn diese Konzerte besitzen ein größeres Maß an Gemeinsamkeiten. Jede dieser beiden Gruppen von 12'30" und 15'00" repräsentiert eine Möglichkeit der Dauern und der internen Gliederung der Sätze, die das Erscheinungsbild eines Bachschen Konzerts prägen.

Die sechs Brandenburgischen Konzerte

Die drei kurzen Konzerte

Die sechs Brandenburgischen Konzerte für mehrere Instrumente (BWV 1046 bis 1051), die den sechs Konzerten für ein Cembalo gegenüberstehen, gliedern sich in drei kurze und drei lange Konzerte. Die autografe Partitur des Werks trägt das Datum 1721.[18]

DAS ERSTE KONZERT IN F-DUR IN DER FRÜHFASSUNG (BWV 1046a)						
Nr.	Tempo-bezeich-nung	Takt-art	Tempo-stufe	Taktzahl, umgerechnet auf C $\quarternote$ = p	Struktu-relle Interpre-tation	Dauer
1		C	$\quarternote$ = 3/2 p	84:3x2=56	36+18	2'30"+1'15"
2	adagio	3/4	$\quarternote$ = 3/4 p	39	36+6	2'30"+0'25"
3	Menuet Trio I Trio II	3/4 3/4 2/4	$\quarternote$ = 2 p $\quarternote$ = 2 p $\quarternote$ = 2 p	24:8x3=9 28:8x3=10,5 32:4=8	36–12	2'30"–0'50"
				122,5	108+12	7'30"+0'50"

Vom ersten Konzert in F-Dur ist eine Frühfassung überliefert (BWV 1046a). Ihr fehlt noch der spätere dritte Satz und bei den Trios des Menuets die Polonaise. Der erste Satz, hier unter der Vorzeichnung C und der Tempo-stufe 3/2 p, bezogen auf das Viertel, und der zweite Satz, *adagio* im 3/4-Takt und der Tempostufe 3/4 p, ebenfalls bezogen auf das Viertel, stimmen in dieser Hinsicht mit der Fassung des Autografs (BWV 1046) überein. Sie umfassen je eine große Einheit, also 2'30", im ersten Satz vermehrt um drei kleine Ein-

---

[18] Die Brandenburgischen Konzerte sind herausgegeben von Heinrich Besseler in NBA VII/2 (1956, KB 1956); die Frühfassung des ersten Konzerts BWV 1046a (früher BWV 1071) im Anhang dieses Bands. Ferner Nachtrag zu NBA VII/2: *Fünftes Brandenburgisches Konzert in D-Dur. Frühfassung BWV 1050a*, hrsg. von Alfred Dürr, 1975. Vgl. zusammenfassend Siegbert Rampe, in: Bach-Handbuch 5/1, Laaber 2013, S. 164–223.

heiten, also 1'15", im zweiten Satz vermehrt um eine kleine Einheit, also 0'25". Das Menuet und die beiden Trios, die hier vorhanden sind, erreichen zusammen ebenfalls ein große Einheit von 2'30", die um zwei kleine Einheiten oder 0'50" vermindert ist. Somit beläuft sich die Frühfassung auf drei große Einheiten oder 7'30" zuzüglich zweier kleiner Einheiten oder 0'50".

DAS ERSTE KONZERT IN F-DUR IN DER FASSUNG DES AUTOGRAFS (BWV 1046)						
Nr.	Tempo-bezeich-nung	Takt-art	Tempo-stufe	Taktzahl, umgerechnet auf C ♩ = p	Struktu-relle Interpre-tation	Dauer
1		₵	♩ = 3/2 p	84:3x2=56	36+18	2'30"+1'15"
2	adagio	3/4	♩ = 3/4 p	39	36+6	2'30"+0'25"
3	allegro	6/8	♪ = 3 p	124:2=62	72–12	5'00"–0'50"
4	Menuet Trio I Polonaise Trio II	3/4 3/4 3/8 2/4	♩ = 2 p ♩ = 2 p ♪ = 2 p ♩ = 2 p	24:8x3=9 28:8x3=10,5 32:8x3=12 32:4=8	36	2'30"
				196,5	180+12	12'30"+0'50"

Die im Autograf der Brandenburgischen Konzerte überlieferte spätere Fassung (BWV 1046) stellt den ersten Satz, wie die anderen geradtaktigen Eröffnungssätze der Konzerte, unter die Taktvorzeichnung ₵. Sie fügt instrumentatorisch den Violino piccolo hinzu, der in dem gleichzeitig hinzufügten dritten Satz *allegro* 6/8 der Tempostufe 3 p, bezogen auf das Achtel, solistisch tätig wird, außerdem unter den Trios des Menuets die Polonaise; ihr 3/8-Takt gehört, wie das Menuet und die anderen Trios, ebenfalls der Tempostufe 2 p an, die hier jedoch auf das Achtel bezogen ist. Der dritte Satz fügt der Frühfassung zwei große Einheiten, also 5'00", hinzu, die um zwei kleine Einheiten, also 0'50", vermindert sind; die Polonaise ergänzt zwei kleine Einheiten oder 0'50", sodass die Fassung des Autografs die Frühfassung um genau zwei große Einheiten oder 5'00" übersteigt. Sie beläuft sich demnach auf 12'30", vermehrt um zwei kleine Einheiten oder 0'50". Es wird sich bei der Betrachtung der Gesamtdisposition zeigen, dass ihre Anlage mit der Frühfassung rechnet, dass es sich also bei der Fassung des Autografs um eine freie Erweiterung handelt. Diese Erweiterung knüpft zwar durch die Verwendung der großen Einheiten an die frühe Disposition an. Sie führt jedoch darüber hinaus und ist als akzidenteller Zusatz für deren Entwurf ohne Bedeutung.

DAS ZWEITE KONZERT IN F-DUR (BWV 1047)						
Nr.	Tempo-bezeich-nung	Takt-art	Tempo-stufe	Taktzahl, umgerechnet auf C $\downarrow$ = p	Struktu-relle Interpre-tation	Dauer
1		₵	$\downarrow$ = 3/2 p	118:3x2=78,67	72+6	5'00"+0'25"
2	andante	3/4	$\downarrow$ = p	65:4x3=48,75	36+12	2'30"+0'50"
3	allegro assai	2/4	$\downarrow$ = 3/2 p	139:3=46,33	36+12	2'30"+0'50"
				173,75	144+30	10'00"+2'05"

Im zweiten Konzert in F-Dur (BWV 1047) umgeben zwei Sätze im geraden Takt den Mittelsatz im ungeraden Takt. Die beiden Außensätze bieten die Tempostufe 3/2 p, bezogen auf das Viertel, der erste Satz unter der Vorzeichnung ₵, der letzte im 2/4-Takt unter der Vorschrift *allegro assai*. Der mittlere Satz unter der Vorschrift *andante* im 3/4-Takt bedient sich der Tempostufe p, ebenfalls bezogen auf das Viertel. Der erste Satz umfasst zwei große Einheiten oder 5'00", die um eine kleine Einheit oder 0'25" vermehrt sind, der zweite und der dritte Satz jeweils eine große Einheit oder 2'30", die um zwei kleine Einheiten oder 0'50" vermehrt ist. Das ergibt zusammen vier große Einheiten oder 10'00", zu denen fünf kleine Einheiten oder 2'05" hinzutreten.

DAS DRITTE KONZERT IN G-DUR (BWV 1048)						
Nr.	Tempo-bezeich-nung	Takt-art	Tempo-stufe	Taktzahl, umgerechnet auf C $\downarrow$ = p	Struktu-relle Interpre-tation	Dauer
1		₵	$\downarrow$ = 3/2 p	136:3x2=90,67	72+18	5'00"+1'15"
2	adagio	C	–			
3	allegro	12/8	$\flat$ = 3 p	48	36+12	2'30"+0'50"
				138,67	108+30	7'30"+2'05"

Der erste Satz des dritten Konzerts in G-Dur (BWV 1048) steht, wie üblich, unter der Vorzeichnung ₵ auf der Tempostufe 3/2 p, bezogen auf das Viertel. Er umfasst zwei große Einheiten oder 5'00", die um drei kleine Einheiten oder 1'15" vermehrt sind. Der letzte Satz steht unter der Vorschrift *allegro* und der Taktvorzeichnung 12/8 auf der Tempostufe 3 p, bezogen auf das Achtel. Er beläuft sich auf eine kleine Einheit oder 2'30", die um zwei kleine Einheiten oder 0'50" vermehrt ist. Der Mittelsatz wird von einem Takt unter der Vorschrift *adagio* und der Vorzeichnung C vertreten, den zwei Akkorde in halben Noten füllen. Seine Dauer, die ebenso wenig wie seine Tempostufe zuverlässig zu bestimmen ist, kann infolge ihrer Kürze vernachlässigt werden. Unter diesen Umständen umfasst das Konzert drei große Einheiten oder 7'30", zu denen fünf kleine Einheiten oder 2'05" hinzukommen. Verglichen mit der Frühfassung des ersten Konzerts (BWV 1046a) hat es den Anschein, als habe hier der erste Satz die eine Einheit des Mittelsatzes übernommen, der infolgedessen von dem einen Takt vertreten wird.

Die drei langen Konzerte

Das erste der drei langen Konzerte, das vierte Konzert in G-Dur (BWV 1049), ist bereits in seiner Bearbeitung bei den sechs Konzerten für ein Cembalo betrachtet worden (BWV 1057, vgl. S. 21–23). Es gehört jedoch gleicherweise in den Zusammenhang der sechs Brandenburgischen Konzerte; deshalb ist hier darauf zurückzukommen. Infolge der umgekehrten Reihenfolge seiner Satztypen, insbesondere der Vertauschung seiner Außensätze, nimmt das Konzert auch im vorliegenden Zusammenhang eine Sonderstellung ein, die es bei der Übernahme in die sechs Konzerte für ein Cembalo beibehalten hat; offensichtlich gehört diese Sonderstellung zu seinem Charakter.

DAS VIERTE KONZERT IN G-DUR (BWV 1049)						
Nr.	Tempo-bezeich-nung	Takt-art	Tempo-stufe	Taktzahl, umgerechnet auf C $\bd = p$	Struktu-relle Interpre-tation	Dauer
1	allegro	3/8	$\eighthnote = 3\,p$	427:4=106,75	108	7'30"
2	andante	3/4	$\quarternote = p$	71:4x3=53,25	36+18	2'30"+1'15"
3	presto	𝄵	$\halfnote = 3/2\,p$	244:3=81,33	72+6	5'00"+0'25"
				241,33	216+24	15'00"+1'40"

Gemäß der Rückläufigkeit steht der erste Satz unter der Vorschrift *allegro* im ungeraden 3/8-Takt und der Tempostufe 3 p, bezogen auf das Achtel. Der letzte Satz dagegen zeigt die Vorschrift *presto* und die Vorzeichnung 𝄵 in einem geraden Takt zu zwei Halben, auf die die Tempostufe 3/2 p bezogen ist. Dazwischen befindet sich der Mittelsatz unter der Vorschrift *andante* in einem ungeraden Takt zu 3/4 der Tempostufe p, bezogen auf das Viertel. Der erste Satz beläuft sich auf drei große Einheiten oder 7'30", der zweite Satz auf eine große Einheit oder 2'30", der dritte Satz auf zwei große Einheiten oder 5'00". Der zweite Satz ist um drei kleine Einheiten, der dritte Satz um eine kleine Einheit vermehrt. Der erste Satz umfasst die Hälfte der gesamten Dauer; die andere Hälfte ist im Verhältnis 1:2 auf den zweiten und dritten Satz aufgeteilt. So umfasst das Konzert insgesamt sechs große Einheiten oder 15'00", zu denen vier kleine Einheiten oder 1'40" hinzukommen.

Das fünfte Konzert in D-Dur ist in einer früheren Fassung (BWV 1050a) und in der Fassung der autografen Partitur überliefert (BWV 1050). Ein autografer Originalstimmensatz geht der Fassung der Partitur unmittelbar voraus und zeigt im Hinblick auf die vorliegende Untersuchung keine nennenswerten Unterschiede. Die frühere Fassung bezeichnet den mittleren Satz mit *adagio*, das erst die Fassung des Autografs in *affettuoso* verändert. Hinsichtlich der Dauer bietet sie eine kürzere Fassung des letzten Solos, der sogenannten Kadenz, und statt der acht Takte 177–184 des letzten Satzes nur vier Takte. Beide Abweichungen sind bereits im Kritischen Bericht (S. 115 und 120–122) publiziert.

Das fünfte Konzert in D-Dur NACH DER Stimmenabschrift Johann Christoph Altnickols (BWV 1050a)						
Nr.	Tempo-bezeich-nung	Takt-art	Tempo-stufe	Taktzahl, umgerechnet auf C $\quartnote = p$	Struktu-relle Interpre-tation	Dauer
1	allegro	C	$\quartnote = 3/2\ p$	180:3x2=120	108+12	7'30"+0'50"
2	adagio	C	$\quartnote = 3/4\ p$	49:3x4=65,33	72–6	5'00"–0'25"
3	allegro	2/4	$\quartnote = 2\ p$	306:4=76,5	72	5'00"
				261,83	252+6	17'30"+0'25"

Die drei Sätze stehen alle in einem geraden Takt, in der Frühfassung der erste unter der Vorschrift *allegro* und der Vorzeichnung C auf der Tempostufe 3/2 p, der zweite unter der Vorschrift *adagio* und der Vorzeichnung C auf der Tempostufe 3/4 p, der dritte unter der Vorschrift *allegro* in einem triolierten 2/4-Takt auf der Tempostufe 2 p, jeweils bezogen auf das Viertel. Der erste Satz umfasst drei große Einheiten, die um zwei kleine Einheiten vermehrt sind, der zweite und der dritte Satz je zwei große Einheiten, die im zweiten Satz um eine kleine Einheit vermindert sind. Zusammen ergibt das sieben große Einheiten oder 17'30", zu denen eine kleine Einheit oder 0'25" hinzutreten.

<table>
<tr><td colspan="7" align="center">DAS FÜNFTE KONZERT IN D-DUR
IN DER FASSUNG DER AUTOGRAFEN PARTITUR (BWV 1050)</td></tr>
<tr><td>Nr.</td><td>Tempo-
bezeich-
nung</td><td>Takt-
art</td><td>Tempo-
stufe</td><td>Taktzahl,
umgerechnet
auf C ♩ = p</td><td>Struktu-
relle
Interpre-
tation</td><td>Dauer</td></tr>
<tr><td>1</td><td>allegro</td><td>¢</td><td>♩ = 3/2 p</td><td>227:3x2=151,33</td><td>144+6</td><td>10'00"+0'25"</td></tr>
<tr><td>2</td><td>affet-
tuoso</td><td>C</td><td>♪ = 3/4 p</td><td>49:3x4=65,33</td><td>72–6</td><td>5'00"–0'25"</td></tr>
<tr><td>3</td><td>allegro</td><td>2/4</td><td>♩ = 2 p</td><td>310:4=77,5</td><td>72+6</td><td>5'00"+0'25"</td></tr>
<tr><td></td><td></td><td></td><td></td><td>294,16</td><td>288+6</td><td>20'00"+0'25"</td></tr>
</table>

In der Fassung der autografen Partitur steht der erste Satz, wie die anderen geradtaktigen Eröffnungen der Konzerte, unter der Vorzeichnung ¢. Der erste Satz ist auf vier große Einheiten und eine kleine Einheit erweitert. Der zweite Satz bleibt unverändert bei zwei großen Einheiten, abzüglich einer kleinen Einheit. Beim dritten Satz tritt zu den zwei großen Einheiten eine kleine Einheit hinzu. Das ergibt zusammen acht große Einheiten oder 20'00", zuzüglich einer kleinen Einheit oder 0'25". Die Erweiterungen der autografen Partitur führen demnach zu einem Plus von genau einer großen Einheit oder 2'30". Auch hier also knüpft, wie im ersten Konzert, die Erweiterung durch die Verwendung der großen Einheit an die frühere Fassung an. Jedoch ist in diesem Fall die Erweiterung essenziell; denn sie bringt, wie die Betrachtung der Disposition zeigen wird, das Konzert erst auf die Dauer, die seine Stellung in der Disposition erfordert.

Das sechste Konzert in B-Dur (BWV 1051) bietet im ersten Satz, wie üblich, die Vorzeichnung ¢ und die Tempostufe 3/2 p, bezogen auf das Viertel, im zweiten Satz unter der Vorschrift *adagio ma non tanto* in einem 3/2-Takt die Tempostufe p, bezogen auf die Halbe, und im dritten Satz unter der Vorschrift *allegro* in einem 12/8-Takt die Tempostufe 3 p, bezogen auf das Achtel. Der erste Satz umfasst zwei große Einheiten, vermehrt um zwei kleine Einheiten, der zweite Satz eine große Einheit, ebenfalls vermehrt um zwei kleine Einheiten, der dritte Satz drei große Einheiten. Das ergibt zusammen sechs große und vier kleine Einheiten, nämlich 216 zuzüglich 24 Normaltakte oder 15'00" zuzüglich 1'40".

DAS SECHSTE KONZERT IN B-DUR (BWV 1051)						
Nr.	Tempo-bezeich-nung	Takt-art	Tempo-stufe	Taktzahl, umgerechnet auf C ♩ = p	Struktu-relle Interpre-tation	Dauer
1		₵	♩ = 3/2 p	130:3x2=86,67	72+12	5'00"+0'50"
2	adagio ma non tanto	3/2	♩ = p	62:4x3=46,5	36+12	2'30"+0'50"
3	allegro	12/8	♪ = 3 p	110	108	7'30"
				243,17	216+24	15'00"+1'40"

Die Disposition

Wie die Übersicht auf der nächsten Seite zeigt, bietet hinsichtlich der Taktarten und der Tempostufen der erste Satz ein einheitliches Bild, nämlich die Vorzeichnung ₵ und die Tempostufe 3/2 p, bezogen auf das Viertel; nur die Frühfassung des ersten Konzerts zeigt C, in der Fassung des Autografs jedoch ebenfalls ₵. Eine Ausnahme macht das vierte Konzert, dem ein 3/8-Takt der Tempostufe 3 p, bezogen auf das Achtel, eignet. Ihm ist die Tempobezeichnung *allegro* hinzugefügt, die auch beim fünften Konzert steht.

Der zweite Satz, der im dritten Konzert wegen seiner Kürze keine nähere Bestimmung erlaubt, verfügt über zwei Möglichkeiten der Tempostufe. Die eine Möglichkeit gibt im ersten und fünften Konzert die Tempostufe 3/4 p, bezogen auf das Viertel, im ersten Konzert unter der Vorschrift *adagio* im 3/4-Takt; diese Vorschrift galt auch im fünften Konzert für die frühere Fassung, allerdings unter der Vorzeichnung C, wurde aber später in *affettuoso* geändert. Die andere Möglichkeit wählt die Tempostufe p, die sie im zweiten und vierten Konzert unter der Vorschrift *andante* im 3/4-Takt auf das Viertel bezieht. Das sechste Konzert tritt einen Notenwert größer hinzu; es bezieht unter der Vorschrift *adagio ma non tanto* im 3/2-Takt die Tempostufe p auf die Halbe.

Das Menuet des ersten Konzerts ist ein Sonderfall, der sich nicht in das Tableau der anderen Sätze einfügt. In den folgenden Konzerten zeigt der dritte Satz wie der zweite ebenfalls zwei Möglichkeiten, nämlich einen zusammengesetzten oder einen geraden Takt. Der zusammengesetzte Takt findet sich unter der Vorschrift *allegro* als 12/8 mit der Tempostufe 3 p, bezogen auf das Achtel, im dritten und im sechsten Konzert, wozu auch der später hinzugefügte dritte Satz des ersten Konzerts im 6/8-Takt zu rechnen ist. Der gerade Takt steht im zweiten Konzert mit der Vorschrift *allegro assai* im 2/4-Takt unter der Tempostufe 3/2 p, bezogen auf das Viertel, und im vierten Konzert mit der Vorschrift *presto* und der Vorzeichnung ¢ in einem Takt zu zwei Halben, in dem sich die Tempostufe 3/2 p auf diesen Notenwert bezieht. Das fünfte Konzert macht eine Ausnahme; sein 2/4-Takt unter der Vorschrift *allegro* ist trioliert, was die Tempostufe 2 p, bezogen auf das Viertel mit sich bringt.

<table>
<tr><th colspan="8">DIE SECHS BRANDENBURGISCHEN KONZERTE
TEMPOVORSCHRIFTEN, TAKTARTEN UND TEMPOSTUFEN DER DREI SÄTZE</th></tr>
<tr><th rowspan="2">BWV</th><th colspan="2">Erster Satz</th><th colspan="2">Zweiter Satz</th><th colspan="2">Dritter Satz</th><th rowspan="2">Dauer insgesamt</th></tr>
<tr></tr>
<tr><td>1046 a</td><td></td><td>C
♩ = 3/2 p</td><td>adagio</td><td>3/4
♩ = 3/4 p</td><td>Menuet mit 2 Trios</td><td>3/4 und 2/4
♩ = 2 p</td><td>7'30"
+0'50"</td></tr>
<tr><td>1047</td><td></td><td>¢
♩ = 3/2 p</td><td>andante</td><td>3/4
♩ = p</td><td>allegro assai</td><td>2/4
♩ = 3/2 p</td><td>10'00"
+2'05"</td></tr>
<tr><td>1048</td><td></td><td>¢
♩ = 3/2 p</td><td>adagio</td><td>C</td><td>allegro</td><td>12/8
♪ = 3 p</td><td>7'30"
+2'05"</td></tr>
<tr><td>1049</td><td>allegro</td><td>3/8
♪ = 3 p</td><td>andante</td><td>3/4
♩ = p</td><td>presto</td><td>¢
𝅗𝅥 = 3/2 p</td><td>15'00"
+1'40"</td></tr>
<tr><td>1050</td><td>allegro</td><td>¢
♩ = 3/2 p</td><td>affettuoso</td><td>C
♩ = 3/4 p</td><td>allegro</td><td>2/4
♩ = 2 p</td><td>20'00"
+0'25"</td></tr>
<tr><td>1051</td><td></td><td>¢
♩ = 3/2 p</td><td>adagio ma non tanto</td><td>3/2
𝅗𝅥 = p</td><td>allegro</td><td>12/8
♪ = 3 p</td><td>15'00"
+1'40"</td></tr>
</table>

Zur Betrachtung der Dauern der Konzerte und ihrer Sätze wähle ich für das erste Konzert die Frühfassung (BWV 1046a), für das fünfte Konzert dagegen die Fassung des Autografs (BWV 1050). Mir ist klar, dass diese Uneinheitlichkeit den Vorwurf methodischer Willkür nach sich ziehen könnte. Doch ist dem entgegenzuhalten, dass die innere Konsistenz des Ergebnisses als Nachweis eines zutreffenden Vorgehens zu gelten vermag. Zwar ist dies, logisch betrachtet, ein Zirkelschluss, der indessen Bachs experimenteller, auf das praktische Ergebnis gerichteter Arbeitsweise entspricht. Wieder lege ich auch hier die großen Einheiten von 36 Takten oder 2'30" zugrunde und vernachlässige die Modifikationen der kleinen Einheiten.

Die Übersicht fasst die drei kurzen und die drei langen Konzerte getrennt in den Blick. Bei den kurzen Konzerten umrahmen zwei Konzerte mit der Dauer von je drei Einheiten ein Konzert mit der Dauer von vier Einheiten. Das vordere Konzert weist jedem Satz eine Einheit zu, während das hintere Konzert zwei Einheiten auf dem ersten Satz und eine Einheit auf dem letzten Satz vereinigt, den mittleren Satz indessen leer ausgehen lässt. Das mittlere Konzert erhöht den ersten Satz um eine auf zwei Einheiten und belässt den zweiten und dritten Satz bei je einer Einheit. Auf diese Weise erreichen die kurzen Konzerte insgesamt zehn Einheiten oder 25 Minuten.

	Die sechs Brandenburgischen Konzerte					
	Die drei kurzen Konzerte			Die drei langen Konzerte		
BWV	1046a	1047	1048	1049	1050	1051
1. Satz	1	2	2	3	4	2
2. Satz	1	1	–	1	2	1
3. Satz	1	1	1	2	2	3
	3	4	3	6	8	6
Summen	10 große Einheiten zu 2'30" = 25'00"			20 große Einheiten zu 2'30" = 50'00"		
	30 große Einheiten zu 2'30" = 75'00"					

Die langen Konzerte wiederholen die kurzen Konzerte mit doppelten Werten. Zwei Konzerte mit der Dauer von je sechs Einheiten umrahmen ein Konzert mit der Dauer von acht Einheiten. Die beiden umrahmenden Konzerte weisen dem zweiten Satz eine Einheit zu, das vordere dem ersten Satz drei und dem dritten Satz zwei Einheiten, das hintere umgekehrt dem ersten Satz zwei und dem dritten Satz drei Einheiten. Das mittlere Konzert erhöht gegenüber dem vorderen Konzert den ersten Satz von drei auf vier und den zweiten Satz von einer auf zwei Einheiten und belässt den dritten Satz bei zwei Einheiten. Auf diese Weise erreichen die langen Konzerte insgesamt zwanzig Einheiten oder 50 Minuten. Für die kurzen und die langen Konzerte zusammen ergibt das dreißig Einheiten oder 75 Minuten.

Diese Verhältnisse belegen, dass Bach die sechs Brandenburgischen Konzerte als Werk betrachtete, ungeachtet dessen, dass sie aus einzelnen Konzerten zusammengestellt sind. Die einzelnen Konzerte zeigen beträchtliche Unterschiede, zunächst in der Kombination ihrer Instrumente, aber auch in ihrem formalen Zuschnitt. Die Disposition ihrer Dauern jedoch garantiert den Zusammenhalt des Werks. Gleichzeitig mit dieser Ordnung der Dauern etablierte Bach die davon unabhängige Ordnung der Tonarten in zweimal F-Dur und zweimal G-Dur, einmal D-Dur und einmal B-Dur, die das ungenannte C-Dur in die Mitte nimmt. Dass ihm das gelang, ist ein besonderes Kunststück. Es beweist, dass im kompositorischen Bereich kulturellen Handelns Überbestimmtheit erreichbar ist.

Ich schließe mit einer kontrafaktischen Anmerkung. Wenn einem äußeren der kurzen Konzerte sechs Einheiten hinzugefügt und es so von drei auf neun Einheiten gesteigert wird, außerdem dem mittleren Konzert der kurzen Konzerte eine Einheit hinzugefügt, dem mittleren Konzert der langen Konzerte ausgleichend eine Einheit genommen wird, sodass sie statt vier und acht fünf und sieben Einheiten erhalten, dann liegt ein Repertoire von neun, sieben, zweimal sechs, fünf und drei Einheiten oder 22'30", 17'30", zweimal 15'00", 12'30" und 7'30" vor. Dessen Summe von zusammen 36 Einheiten oder 90 Minuten entspricht den sechs Konzerten für ein Cembalo. So nahe sind die Dispositionen der beiden Werke für jeweils sechs Konzerte miteinander verwandt.

DREISÄTZIGE SONATEN

Die sechs Sonaten für zwei Klaviere und Pedal

Das maßgebende Werk

Die dreisätzigen Sonaten sind ein Zwitter. Sie markieren den Übergang zwischen den Konzerten und den viersätzigen Sonaten. Mit den Konzerten haben sie die Dreisätzigkeit der Folge schnell–langsam–schnell, nicht aber die große Besetzung gemein, mit den viersätzigen Sonaten dagegen die kleine Besetzung und den Titel *Sonate*. Ihre Zahl ist demzufolge gering. Sie umfassen das maßgebende Werk und weiterhin zwei einzelne Sonaten, die als Paar verstanden werden können.

Das maßgebende Werk der dreisätzigen Sonaten besteht aus den sechs Satzfolgen der Sonaten für zwei Klaviere und Pedal (BWV 525 bis 530).[19] Die Sonaten sind in einem Autograf Johann Sebastian Bachs und in einer Abschrift Anna Magdalena Bachs überliefert, deren verlorener Beginn von Wilhelm Friedemann Bach ergänzt wurde. Die beiden Quellen zeigen Differenzen der Lesarten, die im vorliegenden Zusammenhang jedoch meistenteils auf sich beruhen bleiben können. Über die Zuweisung der Tempobezeichnungen, die im Autograf bei den ersten Sätzen der ersten und sechsten Sonate, in der Abschrift bei den ersten Sätzen der ersten bis vierten Sonate fehlen, sonst aber in beiden Quellen übereinstimmen, unterrichtet der Kritische Bericht (S. 28f.).

Die erste Sonate in Es-Dur bietet für den ersten Satz, für den keine Tempovorschrift überliefert ist, aber *allegro* ergänzt werden kann, die Taktvorzeichnung ₵, für den zweiten Satz *adagio* und 12/8, für den dritten Satz *allegro* und 3/4. Die Tempostufe beträgt für alle drei Sätze 3/2 p, im ersten und dritten Satz bezogen auf das Viertel, im zweiten Satz bezogen auf das Achtel. Jeder der drei Sätze bietet die Dauer einer großen Einheit, die im zweiten Satz um drei kleine Einheiten vermehrt ist. Das ergibt insgesamt drei große Einheiten, näm-

---

[19] Die sechs Sonaten für zwei Klaviere und Pedal sind herausgegeben von Dietrich Kilian in NBA IV/7 (1984, KB 1988). Vgl. – insbesondere auch zu den gesicherten und vermuteten Fassungen, die vorausgehen – außer dem Kritischen Bericht Siegbert Rampe, *Triosonaten*, in: derselbe (Hrsg.), Bachs Klavier- und Orgelwerke, Teilband 2, Laaber 2008 (Bach-Handbuch 4/2), S. 797–811.

lich 108 Normaltakte oder 7'30", zu denen die drei kleinen Einheiten, nämlich 18 Normaltakte oder 1'15", hinzukommen.

DIE ERSTE SONATE IN ES-DUR (BWV 525)						
Nr.	Tempo-bezeich-nung	Takt-art	Tempo-stufe	Taktzahl, umgerechnet auf C ♩ = p	Struktu-relle Interpre-tation	Dauer
1		¢	♩ = 3/2 p	58:3x2=38,67	36	2'30"
2	adagio	12/8	♪ = 3/2 p	28x2=56	36+18	2'30"+1'15"
3	allegro	3/4	♩ = 3/2 p	64:2=32	36	2'30"
				126,67	108+18	7'30"+1'15"

DIE ZWEITE SONATE IN c-MOLL (BWV 526)						
Nr.	Tempo-bezeich-nung	Takt-art	Tempo-stufe	Taktzahl, umgerechnet auf C ♩ = p	Struktu-relle Interpre-tation	Dauer
1	vivace	¢	♩ = 3/2 p	78:3x2=52	54	3'45"
2	largo	3/4	♩ = 1/2 p	48:2x3=72	72	5'00"
3	allegro	2	♩ = 3/2 p	172:3=57,33	54	3'45"
				181,33	180	12'30"

DIE DRITTE SONATE IN d-MOLL (BWV 527)						
Nr.	Tempo-bezeich-nung	Takt-art	Tempo-stufe	Taktzahl, umgerechnet auf C ♩ = p	Struktu-relle Interpre-tation	Dauer
1	andante	2/4	♩ = p	160:2=80	72+6	5'00"+0'25"
2	adagio	6/8	♪ = 3/2 p	32	36−6	2'30"−0'25"
3	vivace	3/8	♪ = 3 p	180:4=45	36+12	2'30"+0'50"
				157	144+12	10'00"+0'50"

DIE VIERTE SONATE IN e-MOLL (BWV 528)						
Nr.	Tempo- bezeich- nung	Takt- art	Tempo- stufe	Taktzahl, umgerechnet auf C ♩ = p	Struktu- relle Interpre- tation	Dauer
1	adagio vivace	C 3/4	♩ = 3/4 p ♩ = 3/2 p	4:3x4=5,33 61:2=30,5	36	2'30"
2	andante	C	♩ = p	45	36+6	2'30"+0'25"
3	un poc' allegro	3/8	♪ = 2 p	97:8x3=36,375	36	2'30"
				117,205	108+6	7'30"+0'25"

DIE FÜNFTE SONATE IN C-DUR (BWV 529)						
Nr.	Tempo- bezeich- nung	Takt- art	Tempo- stufe	Taktzahl, umgerechnet auf C ♩ = p	Struktu- relle Interpre- tation	Dauer
1	allegro	3/4	♩ = 3/2 p	155:2=77,5	72+6	5'00"+0'25"
2	largo	6/8	♪ = 3/2 p	54	54	3'45"
3	allegro	2/4	♩ = 3/2 p	163:3=54,33	54	3'45"
				185,83	180+6	12'30"+0'25"

DIE SECHSTE SONATE IN G-DUR (BWV 530)						
Nr.	Tempo- bezeich- nung	Takt- art	Tempo- stufe	Taktzahl, umgerechnet auf C ♩ = p	Struktu- relle Interpre- tation	Dauer
1	vivace	2/4	♩ = 3/2 p	180:3=60	72–12	5'00"–0'50"
2	lente	6/8	♪ = 3/2 p	40	36+6	2'30"+0'25"
3	allegro	¢	♩ = 3/2 p	77:3x2=51,33	36+12	2'30"+0'50"
				151,33	144+6	10'00"+0'25"

Die zweite Sonate in c-Moll zeigt für den ersten Satz *vivace* und ₵, für den zweiten Satz *largo* und 3/4, für den dritten Satz *allegro* und eine 2, die durchstrichen ist. Die Tempostufe beträgt für den ersten und den letzten Satz 3/2 p, bezogen im ersten Satz auf das Viertel, im letzten Satz auf die Halbe, im zweiten Satz 1/2 p, bezogen auf das Viertel. Der erste und der letzte Satz dauern jeweils anderthalb, der mittlere Satz zwei große Einheiten. Das führt insgesamt auf fünf große Einheiten oder 12'30".

Die dritte Sonate in d-Moll beginnt im ersten Satz ausnahmsweise mit *andante* und 2/4 auf der Tempostufe p, bezogen auf das Viertel; hierauf folgen der zweite Satz mit *adagio* und 6/8 auf der Tempostufe 3/2 p und der dritte Satz mit *vivace* und 3/8 auf der Tempostufe 3 p, beide bezogen auf das Achtel. Die drei Sätze dauern einmal zwei große Einheiten und danach zweimal je eine große Einheit, zusammen also vier große Einheiten gleich 144 Normaltakte oder 10'00". Im ersten Satz wird eine kleine Einheit addiert, im zweiten Satz der gleiche Betrag subtrahiert, was sich gegenseitig ausgleicht. Der dritte Satz fügt zwei kleine Einheiten hinzu; diese 12 Normaltakte oder 0'50" äußern sich in der Summe.

Auch die vierte Sonate in e-Moll beginnt ungewöhnlich. Ihrem ersten Satz, *vivace* und 3/4 auf der Tempostufe 3/2 p, bezogen auf das Viertel, steht eine langsame Einleitung von vier geraden Takten voran, *adagio* und C auf der halben Tempostufe 3/4 p, ebenfalls bezogen auf das Viertel; das ist darauf zurückführen, dass dieser Satz ursprünglich als Sinfonia für Oboe d'amore, Viola da gamba und Continuo den zweiten Teil der Kantate „Die Himmel erzählen die Ehre Gottes" (BWV 76/8, NBA I/16) eröffnete.[20] Hierauf folgen im zweiten Satz *andante* und C auf der Tempostufe p, bezogen auf das Viertel, und im dritten Satz *un poc' allegro* und 3/8, das durch das dem *allegro* vorangestellte *un poco* von der Tempostufe 3 p auf 2 p, bezogen auf das Achtel, ermäßigt wird. Auch der zweite und dritte Satz setzen also den ungewöhnlichen Beginn fort. Jeder der drei Sätze zeigt die Dauer einer großen Einheit, wozu im zweiten Satz eine kleine Einheit hinzukommt. Das ergibt zusammen drei große Einheiten zuzüglich einer kleinen Einheit, nämlich 108+6 Normaltakte oder 7'30"+0'25".

Die fünfte Sonate in C-Dur und die sechste Sonate in G-Dur greifen das Schema der ersten Sonate auf. Wie dort bedienen sich alle drei Sätze der Tempostufe 3/2 p, in der fünften Sonate der erste Satz unter *allegro* und 3/4, der dritte Satz unter *allegro* und 2/4, jeweils bezogen auf das Viertel, der zweite Satz unter *largo* und 6/8, bezogen auf das Achtel, in der sechsten Sonate der erste Satz unter *vivace* und 2/4, der dritte Satz unter *allegro* und ₵, beide bezogen auf

---

[20] Vgl. Ulrich Siegele, *Kompositionsweise und Bearbeitungstechnik in der Instrumentalmusik Johann Sebastian Bachs*, Neuhausen-Stuttgart 1975 (Tübinger Beiträge zur Musikwissenschaft 3), S. 78–81.

das Viertel, der zweite Satz unter *lente* und 6/8, bezogen auf das Achtel. Die Dauer umfasst bei der fünften Sonate im ersten Satz zwei, im zweiten und dritten Satz je anderthalb große Einheiten, wozu im ersten Satz eine kleine Einheit hinzukommt. Das ergibt insgesamt fünf große Einheiten, nämlich 180 Normaltakte oder 12'30", vermehrt um eine kleine Einheit, nämlich 6 Normaltakte oder 0'25". Bei der sechsten Sonate umfasst die Dauer im ersten Satz ebenfalls zwei, im zweiten und dritten Satz je eine große Einheit. Das ergibt zusammen vier große Einheiten, also 144 Normaltakte oder 10'00". Im ersten Satz werden zwei kleine Einheiten abgezogen, die im dritten Satz ausgleichend hinzugezählt werden, während sich das Plus einer kleinen Einheit im zweiten Satz auf die gesamte Dauer mit 6 Normaltakten oder 0'25" auswirkt.

Übersicht

Die Tempostufen der sechs Sonaten sind in den einzelnen Sätzen, ja sogar gemeinsam in den ersten und letzten Sätzen, von seltener Einheitlichkeit. Außerhalb stehen nur die in der Tabelle auf der nächsten Seite grau unterlegten Sätze. In der Regel gilt sowohl für die ersten wie auch für die dritten Sätze die Tempostufe 3/2 p, bezogen auf das Viertel, das nur im dritten Satz der zweiten Sonate von der Halben ersetzt wird. Eine übliche Variante dieses Typs ist der dritte Satz der dritten Sonate im 3/8-Takt der Tempostufe 3 p. Die zweiten, mittleren Sätze stehen regulär im 12/8- oder 6/8-Takt der Tempostufe 3/2 p, bezogen auf das Achtel. Diese Tempostufe 3/2 p in einem 12/8- oder 6/8-Takt, bezogen auf das Achtel, ist gleich der Tempostufe 1/2 p in einem dieser Takte, bezogen auf das punktierte Viertel. So betrachtet, kann der langsame Mittelsatz der zweiten Sonate einbezogen werden, da er auf der Tempostufe 1/2 p in einem Takt zu drei Vierteln, also in einem nicht triolierten Takt, steht. So bleiben nur wenige Ausnahmen, nämlich in der dritten Sonate das eröffnende Andante und die vierte Sonate in allen drei Sätzen, obwohl sich hier das Vivace des ersten Satzes, das auf das eröffnende Adagio folgt, in die Tempostufe der ersten Sätze der anderen Sonaten einfügt.

Abgesehen von den Ausnahmen, lauten die Tempovorschriften für die ersten Sätze *vivace* in der zweiten und sechsten und auch im raschen Teil der vierten Sonate; dazu tritt *allegro* in der fünften Sonate. Dem antworten für die letzten Sätze *allegro* in der ersten, zweiten, fünften und sechsten Sonate; dazu tritt *vivace* in der dritten Sonate, die im 3/8-Takt der Tempostufe 3 p, bezogen auf das Achtel, steht. Werden die Tempovorschriften innerhalb der ersten und letzten Sätze jeder Sonate betrachtet, dann scheinen diese Vorschriften, soweit sie mit übereinstimmenden Tempostufen verbunden sind, dem Grundsatz der Variation zu folgen. In der ersten Sonate, wo die Tempovorschrift des ersten

Satzes fehlt, steht im letzten Satz *allegro*, in der zweiten Sonate im ersten Satz *vivace* und im letzten Satz *allegro*. Entsprechend stehen in der fünften Sonate im ersten und im letzten Satz *allegro*, in der sechsten Sonate im ersten Satz *vivace* und im letzten Satz *allegro*. Für die langsamen mittleren Sätze, die keine Entsprechung in einer anderen Reihe haben, gilt die Variation innerhalb ihrer Reihe. So steht die erste Sonate mit dem 12/8-Takt *adagio* voran, dem die zweite Sonate mit dem 3/4-Takt *largo* folgt. Danach schließen sich mit dem 6/8-Takt die dritte Sonate *adagio*, die fünfte Sonate *largo* und die sechste Sonate *lente* an. Die Variation der Tempovorschriften erfolgt in nahezu dekorativer Funktion. Denn der Satztypus ist durch den kompositorischen Tatbestand gegeben. Demgegenüber hat die Tempovorschrift keine bestimmende Aufgabe; sie ist eher ein Schmuck.

DIE SECHS SONATEN FÜR ZWEI KLAVIERE UND PEDAL TEMPOVORSCHRIFTEN, TAKTARTEN UND TEMPOSTUFEN DER DREI SÄTZE							
B W V	**Erster Satz**		**Zweiter Satz**		**Dritter Satz**		**Dauer insgesamt**
525 Es		𝄵 ♩ = 3/2 p	adagio	12/8 ♪ = 3/2 p	allegro	3/4 ♩ = 3/2 p	7'30" +1'15"
526 c	vivace	𝄵 ♩ = 3/2 p	largo	3/4 ♩ = 1/2 p	allegro	2 𝅗𝅥 = 3/2 p	12'30"
527 d	andante	2/4 ♩ = p	adagio	6/8 ♪ = 3/2 p	vivace	3/8 ♪ = 3 p	10'00" +0'50"
528 e	adagio vivace	C ♩ = 3/4 p 3/4 ♩ = 3/2 p	andante	C ♩ = p	un poc' allegro	3/8 ♪ = 2 p	7'30" +0'25"
529 C	allegro	3/4 ♩ = 3/2 p	largo	6/8 ♪ = 3/2 p	allegro	2/4 ♩ = 3/2 p	12'30" +0'25"
530 G	vivace	2/4 ♩ = 3/2 p	lente	6/8 ♪ = 3/2 p	allegro	𝄵 ♩ = 3/2 p	10'00" +0'25"

Der Betrachtung der Dauern der Sonaten und ihrer Sätze lege ich auch hier die großen Einheiten von 36 Normaltakten oder 2'30" zugrunde und vernachlässige die Modifikationen der kleinen Einheiten. Die sechs Sonaten sind in zwei Hälften zu je drei Sonaten gegliedert. Jede Hälfte enthält je eine Sonate der Dauer von drei, fünf und vier großen Einheiten; demnach sind 3 als 4−1 und 5 als 4+1 zu verstehen, sodass jede Hälfte insgesamt dreimal vier, nämlich zwölf große Einheiten oder zwölfmal 2'30" gleich 30 Minuten umfasst. Das ganze Werk ist also auf 60 Minuten oder eine Stunde disponiert und, verglichen mit den Brandenburgischen Konzerten und den sechs Konzerten für ein Cembalo relativ kurz, wie es seine intime Besetzung für einen Spieler und ein Instrument nahelegt.

	Die sechs Sonaten für zwei Klaviere und Pedal					
	Die erste Hälfte			Die zweite Hälfte		
Tonart	Es-Dur	c-Moll	d-Moll	e-Moll	C-Dur	G-Dur
Dur	▼				▼	▼
Moll		▼	▼	▼		
BWV	525	526	527	528	529	530
1. Satz	1	1½	2	1	2	2
2. Satz	1	2	1	1	1½	1
3. Satz	1	1½	1	1	1½	1
	3	5	4	3	5	4
Summen	12 Einheiten zu 2'30" = 30'00"			12 Einheiten zu 2'30" = 30'00"		
	24 Einheiten zu 2'30" = 60'00"					

Die drei Sätze einer Sonate belaufen sich bei der Dauer von drei großen Einheiten auf eine Einheit für jeden Satz. Bei der Dauer von vier Einheiten wird der erste Satz von einer auf zwei Einheiten, bei der Dauer von fünf Einheiten werden überdies zwei Sätze um eine halbe auf anderthalb Einheiten erhöht. Dabei kommen in der ersten Hälfte zwei Einheiten dem langsamen Mittelsatz, anderthalb Einheiten den beiden raschen Außensätzen zu; in der zweiten Hälfte werden die zwei Einheiten dem ersten, die anderthalb Einheiten den beiden folgenden Sätzen übertragen.

Angesichts dieser konsistenten Verwendung von anderthalb Einheiten gewinnt nun auch ihre Verwendung in dem Konzert BWV 1058 an Glaubwürdigkeit, wo die beiden anderthalb Einheiten der Außensätze allerdings nur eine Einheit des Mittelsatzes umgeben (vgl. oben S. 26f.). Folglich beschränkt sich das Konzert auf vier Einheiten oder 10'00" und bezieht sich auf die Basis von drei Einheiten, für jeden Satz eine Einheit, oder die Dauer von 7'30". Somit bestätigt sich der differierende Ansatz dieses Konzert sowohl gegenüber den sechs Konzerten für ein Cembalo als auch gegenüber den hier diskutierten sechs Sonaten.

An der Disposition der sechs Sonaten fällt auf, dass nicht die Sonaten nach Moll und Dur auf die beiden Hälften verteilt sind, also nicht die erste Sonate ans Ende gestellt worden ist. Denn dann bildeten die drei Sonaten in Moll die erste, die drei Sonaten in Dur die zweite Hälfte, jeweils nach der fallenden Dauer von 5, 4 und 3 Einheiten geordnet. Nach der Ordnung der Papierlagen des Autografs wäre diese andere Stellung der jetzt ersten Sonate tatsächlich möglich gewesen. Denn sie ist auf zwei nebeneinanderliegenden Bogen eingetragen (KB, S. 19 und 22); diese konnten ebenso gut an der ersten wie an der letzten Stelle hinzugefügt werden.

Vielleicht war die letzte Stelle ursprünglich sogar geplant, ist dann aber aus einem einsichtigen Grund geändert worden. Denn angenommen, die Sonaten in Moll bildeten die erste Hälfte, dann hätte das Werk zwar mit der Sonate in c-Moll spektakulär begonnen. An zweiter und dritter Stelle aber wären alsbald die beiden Sonaten, die eine Ausnahme machen, gefolgt, die Sonate in d-Moll, die mit einem Andante, und die Sonate in e-Moll, die mit einer langsamen Einleitung einsetzt. Erst die zweite Hälfte hätte mit den drei Sonaten in Dur die Normalform präsentiert, wobei allerdings die kurze Sonate in Es-Dur einen schwachen Schluss ergeben hätte. Aus performativen Gründen war es deshalb besser, mit ihr das Werk zu beginnen und darauf zu vertrauen, dass die beiden Tongeschlechter einen hinreichenden Hinweis auf die Zusammengehörigkeit der Sonaten darstellten. Das war umso eher möglich, als innerhalb der Tongeschlechter die Tonarten einer klaren Aufeinanderfolge unterliegen, in Moll nach den steigenden Stufen c, d und e, in Dur nach den Tönen des Dreiklangs C, G und Es.

Ein Paar einzelner Sonaten

Das Paar setzt zwei einzelne Sonaten für verschiedene Melodieinstrumente und Cembalo in Beziehung, deren Disposition eng verwandt ist und weitgehend übereinstimmt. Es handelt sich um die Sonate für Viola da gamba in g-Moll (BWV 1029) und die Sonate für Flauto traverso in A-Dur (BWV 1032).[21]

Wie die Tabellen auf der nächsten Seite zeigen, beträgt in beiden Sonaten die strukturelle Basis für den ersten Satz zwei große Einheiten, für den zweiten und dritten Satz je eine große Einheit. Das ergibt als Dauer beider Sonaten vier große Einheiten, nämlich 144 Normaltakte oder 10'00". Auch die Addition

---

[21] Die Sonaten für Viola da gamba sind herausgegeben von Hans Eppstein in NBA VI/4 (1984, KB 1989), die Werke für Flöte von Hans-Peter Schmitz in NBA VI/3 (1963, KB 1963), mit Ergänzung zum Kritischen Bericht: *Sonate A-Dur für Flauto traverso und Cembalo BWV 1032* von Alfred Dürr (1981).

von fünf kleinen Einheiten stimmt hier und dort überein; sie dehnt die gegebene strukturelle Dauer bis an ihre Grenze. Nur die Verteilung dieser Addition auf die einzelnen Sätze weicht ab. Denn in der Sonate für Viola da gamba kommen zwei dieser Einheiten dem zweiten und drei dem dritten Satz zugute, während in der Sonate für Flauto traverso alle fünf Einheiten dem dritten Satz zufallen.

SONATE FÜR VIOLA DA GAMBA UND CEMBALO IN g-MOLL (BWV 1029)						
Nr.	Tempobezeichnung	Taktart	Tempostufe	Taktzahl, umgerechnet auf C $\quartnote$ = p	Strukturelle Interpretation	Dauer
1	vivace	C	$\quartnote$ = 3/2 p	110:3x2=73,33	72	5'00"
2	adagio	3/2	$\halfnote$ = 1/2 p	30:2x3=45	36+12	2'30"+0'50"
3	allegro	6/8	$\eighthnote$ = 3 p	111:2=55,5	36+18	2'30"+1'15"
				173,83	144+30	10'00"+2'05"

SONATE FÜR FLAUTO TRAVERSO UND CEMBALO IN A-DUR (BWV 1032)						
Nr.	Tempobezeichnung	Taktart	Tempostufe	Taktzahl, umgerechnet auf C $\quartnote$ = p	Strukturelle Interpretation	Dauer
1	vivace	C	$\quartnote$ = 3/2 p	(64+46):3x2 =73,33	72	5'00"
2	largo	6/8	$\eighthnote$ = 3/2 p ($\dottedquarternote$ = 1/2 p)	37	36	2'30"
3	allegro	3/8	$\eighthnote$ = 3 p	255:4=63,75	36+30	2'30"+2'05"
				174,08	144+30	10'00"+2'05"

Für den ersten Satz bieten beide Sonaten übereinstimmend die Tempovorschrift *vivace*, die Taktvorzeichnung C und die Tempostufe 3/2 p, bezogen auf das Viertel. Für den dritten Satz lautet die Tempovorschrift *allegro* und die Tempostufe 3 p, bezogen auf das Achtel; sie gilt in der Sonate für Viola da gamba für einen 6/8-, in der Sonate für Flauto traverso für einen 3/8-Takt, was für die zeitliche Organisation keinen Unterschied macht. Bei den langsamen zweiten Sätzen beider Sonaten ist die Beziehung weniger offensichtlich; jedoch stimmen auch sie in einer gemeinsamen Tempostufe überein. Der Satz steht in der Sonate für Viola da gamba unter *adagio* in einem nicht triolierten 3/2-Takt auf der Tempostufe 1/2 p, bezogen auf die Halbe; er ist als ein 3/4-Takt zu verstehen, der einen Notenwert größer notiert ist. In der Sonate für Flauto traverso steht der Satz unter *largo* in einem triolierten 6/8-Takt auf der Tempostufe 3/2 p, bezogen auf das untergeordnete Achtel; das entspricht der Tempostufe 1/2 p, bezogen auf das übergeordnete punktierte Viertel. So betrachtet, verbindet die Tempostufe 1/2 p die zweiten Sätze miteinander.

Die enge Verwandtschaft zwischen den beiden Sonaten bezeugt nachdrücklich, dass Bach innerhalb einer Gattung über ein Repertoire der zeitlichen Disposition verfügte, aus dessen Möglichkeiten er auswählen konnte. Im vorliegenden Fall traf er zweimal die gleiche Wahl, die er nur durch geringfügige Unterschiede variierte.

Viersätzige Sonaten

Die drei Sonaten für Violine allein

Die Gruppe der drei Sonaten

Gegenüber den Konzerten und den dreisätzigen Sonaten mit der Satzfolge schnell–langsam–schnell stellen die viersätzigen Sonaten einleitend einen langsamen Satz voran, mit dem sie beginnen; so verwirklichen sie die Satzfolge langsam–schnell–langsam–schnell. Diese Viersätzigkeit bringt für die Verteilung der Taktarten und Tempostufen, besonders aber der Dauern ihre eigenen Voraussetzungen mit sich. Die drei Sonaten, die innerhalb der sechs solistischen Satzfolgen für Violine ohne Bass die ungeradzahligen Stellen 1, 3 und 5 besetzen (BWV 1001, 1003 und 1005), machen von diesen Voraussetzungen einen überraschenden Gebrauch.[22]

Die erste Sonate in g-Moll beginnt mit *adagio* und C unter der Tempostufe 1/2 p, bezogen auf das Viertel, oder, anders gewendet, mit der doppelten Tempostufe p, bezogen auf den halben Notenwert des Achtels. Die folgende Fuge unter der Taktvorzeichnung ₵ ist hier überdies ausdrücklich mit der Tempovorschrift *allegro* versehen, steht somit eindeutig unter der Tempostufe 3/2 p, bezogen auf das Viertel. Dem nächsten Satz, der langsamen Siciliana im triolierten 12/8-Takt, gehört die Tempostufe 3/4 p, bezogen auf das punktierte Viertel, dem schließenden *presto* im 3/8-Takt die Tempostufe 3 p, bezogen auf das Achtel.

Der erste und der letzte Satz umfassen jeweils eine große Einheit von 36 Normaltakten oder 2'30", die im ersten Satz um eine kleine Einheit von 6 Normaltakten oder 0'25" vermehrt ist. Diese Addition wird von der Fuge ausgeglichen; denn sie zieht von ihren zwei großen Einheiten, nämlich 72 Normaltakten oder 5'00", eine kleine Einheit ab. Der dritte Satz schließlich, die Siciliana, beschränkt sich auf eine freie Addition von 24 Normaltakten oder 1'40". So summieren sich die vier Sätze auf 144 Normaltakte plus die 24 Normaltakte der Siciliana oder 10'00" plus 1'40".

---

[22] Die drei Sonaten und drei Partiten für Violine allein wurden herausgegeben von Günter Haußwald in NBA VI/1 (1958, KB 1958) und von Peter Wollny in NBA, revidierte Edition, Bd. 3 (2014).

SONATE I FÜR VIOLINE ALLEIN IN g-MOLL (BWV 1001)						
Nr.	Tempo-bezeich-nung	Takt-art	Tempo-stufe	Taktzahl, umgerechnet auf C ♩ = p	Struktu-relle Interpre-tation	Dauer
1	adagio	C	♩ = 1/2 p (♪ = p)	22x2=44	36+6	2'30"+0'25"
2	Fuga allegro	𝄴	♩ = 3/2 p	94:3x2=62,67	72–6	5'00"–0'25"
3	Siciliana	12/8	♩. = 3/4 p	20:3x4=26,67	0+24	0'00"+1'40"
4	presto	3/8	♪ = 3 p	136:4=34	36	2'30"
				167,34	144+24	10'00"+1'40"

SONATE II FÜR VIOLINE ALLEIN IN a-MOLL (BWV 1003)						
Nr.	Tempo-bezeich-nung	Takt-art	Tempo-stufe	Taktzahl, umgerechnet auf C ♩ = p	Struktu-relle Interpre-tation	Dauer
1	grave	C	♩ = 1/2 p (♪ = p)	23x2=46	36+12	2'30"+0'50"
2	Fuga	2/4	♩ = 3/2 p	289:3=96,33	108–12	7'30"–0'50"
3	andante	3/4	♩ = 3/4 p	26	0+24	0'00"+1'40"
4	allegro	𝄴	♩ = 3/2 p	58:3x2=38,67	36	2'30"
				207	180+24	12'30"+1'40"

Die zweite Sonate in a-Moll ist hinsichtlich ihrer zeitlichen Organisation der ersten ähnlich. Sie beginnt zwar mit der Tempovorschrift *grave*, jedoch ebenfalls unter der Taktvorzeichnung C und der Tempostufe 1/2 p, bezogen auf das Viertel, oder, in gleicher Bedeutung, unter der Tempostufe p, bezogen auf das Achtel. Die Fuge folgt hier ohne eigene Tempovorschrift im 2/4-Takt, der die Tempostufe 3/2 p, bezogen auf das Viertel, in sich schließt; sie stimmt also ebenfalls mit der Fuge der ersten Sonate überein. Dem nächsten, langsamen Satz, der *andante* überschrieben ist und unter der Taktvorzeichnung 3/4 steht, gehört auch hier die Tempostufe 3/4 p; da er einen nicht triolierten Takt verwendet, bezieht sie sich auf das Viertel. Für den schließenden Satz fordert die Tempovorschrift *allegro*, zumal mit der Taktvorzeichnung 𝄴, die Tempostufe

3/2 p; der Satz vertritt, gegenüber der gebräuchlichen Variante des 3/8-Takts und der Tempostufe 3 p, die Normalform eines schnellen Satzes.

Der erste und der letzte Satz umfassen auch hier jeweils eine große Einheit von 36 Normaltakten oder 2'30", die beim ersten Satz diesmal um zwei kleine Einheiten von 12 Normaltakten oder 0'50" vermehrt ist. Auch diese Addition wird von der Fuge ausgeglichen, die von ihrem Wert zwei kleine Einheiten abzieht. Dieser Wert ist allerdings von zwei auf drei große Einheiten, nämlich auf 108 Normaltakte oder 7'30", angehoben, was in der Summe der Sonate zur Geltung kommt. Der dritte Satz schließlich beschränkt sich ebenfalls auf eine freie Addition von 24 Normaltakten oder 1'40". So summieren sich die vier Sätze auf 180 Normaltakte plus die 24 Normaltakte des dritten Satzes oder 12'30" plus 1'40".

SONATE III FÜR VIOLINE ALLEIN IN C-DUR (BWV 1005)						
Nr.	Tempobezeichnung	Taktart	Tempostufe	Taktzahl, umgerechnet auf C $\quarternote$ = p	Strukturelle Interpretation	Dauer
1	adagio	3/4	$\quarternote$ = p	47:4x3=35,25	36	2'30"
2	Fuga	ℂ	$\halfnote$ = 3/2 p	354:3=118	144–24	10'00"–1'40"
3	largo	C	$\quarternote$ = 3/4 p	21:3x4=28	0+24	0'00"+1'40"
4	allegro assai	3/4	$\quarternote$ = 3/2 p	102:2=51	36+18	2'30"+1'15"
				232,25	216+18	15'00"+1'15"

Die dritte Sonate in C-Dur zeigt gegenüber den beiden vorhergehenden Sonaten Eigenheiten, die allerdings das konstruktive Prinzip weder in Frage stellen noch gar verlassen. Der erste Satz, *adagio* überschrieben, steht nicht in einem geraden, sondern im ungeraden 3/4-Takt. Seine Tempostufe lautet p, bezogen auf das Viertel; diese Tempostufe mit Bezugswert belegt, dass der Satz gegenüber den ersten Sätzen der beiden anderen Sonaten einen Notenwert größer notiert ist. Auch die Fuge ist, wie ihr Schriftbild sogleich zu erkennen gibt, einen Notenwert größer notiert. Sie steht, unter der Taktvorzeichnung ℂ, in einem Takt zu zwei Halben, wie die anderen Fugen unter der Tempostufe 3/2 p, hier bezogen auf die Halbe. Der langsame, *largo* überschriebene Satz wählt einen geraden Takt, aber ebenfalls die Tempostufe 3/4 p, bezogen auf das Viertel. Der schnelle letzte Satz, *allegro assai*, untersteht im 3/4-Takt der Tempostufe 3/2 p.

Der erste und der letzte Satz umfassen auch hier jeweils eine große Einheit von 36 Normaltakten oder 2'30". Jedoch trifft diesmal die Vermehrung nicht den ersten, sondern den letzten Satz; sie ist noch einmal um eine kleine Einheit auf nun 18 Normaltakte oder 1'15" angehoben. Auch der Wert der Fuge ist erneut erhöht und beträgt hier vier große Einheiten, nämlich 144 Normaltakte oder 10'00". Der Abzug, der sich entsprechend zur Addition des letzten Satzes auf drei kleine Einheiten, nämlich auf 18 Normaltakte oder 1'15", belaufen müsste, ist um eine kleine Einheit auf 24 Normaltakte oder 1'40" erhöht. Der dritte Satz beschränkt sich wieder auf eine freie Addition von 24 Normaltakten oder 1'40". So summieren sich die vier Sätze auf 216 Normaltakte plus die 24 Normaltakte des dritten Satzes, aber abzüglich der 6 Normaltakte, die der Fuge zuviel genommen sind; das ergibt 15'00" plus 1'40" minus 0'25", insgesamt also plus 1'15".

Übersicht

Werden die Tempovorschriften, Taktarten und Tempostufen der vier Sätze der drei Sonaten verglichen, so ergibt sich eine verblüffende Einheitlichkeit der Tempostufen. Die ersten Sätze bieten p, die Fugen 3/2 p, die dritten Sätze 3/4 p und die letzten Sätze zweimal 3/2 p und einmal die Variante 3 p, die auf einen Notenwert kleiner bezogen ist. Angesichts dieser Einheitlichkeit der Tempostufen erwecken die Tempovorschriften erneut den Eindruck, sie seien vom Grundsatz der Variation geleitet; denn im Hinblick auf die Wahl der Tempostufen kommt ihnen eher eine schmückende, jedenfalls keine bestimmende Funktion zu. Die ersten Sätze bieten zweimal *adagio* und einmal *grave*, die dritten Sätze *Siciliana*, *andante* und *largo*, die letzten Sätze *presto*, *allegro* und *allegro assai*; die Fugen schließlich verzichten, abgesehen vom *allegro* in der ersten Sonate, von vornherein darauf, eine Tempovorschrift beizugeben.

Der Wahl der Taktarten kommt demgegenüber ein höherer Rang zu, wenngleich sie den Tempostufen unterstehen und deren interner Differenzierung dienen. Allerdings scheint der Unterschied zwischen geraden, ungeraden und zusammengesetzten, nämlich triolierten Taktarten ein größeres Gewicht zu besitzen als die Unterschiede innerhalb dieser Klassen. Denn der Einfluss des Wechsels in den ersten Sätzen zwischen C und 3/4, in den dritten Sätzen zwischen 12/8, 3/4 und C, in den letzten Sätzen zwischen 3/8, ₵ und 3/4 ist deutlich wahrnehmbar. Ob aber in den Fugen zwischen den drei geraden Taktarten, nämlich zwischen ₵ und 2/4, beide mit dem Bezugswert des Viertels, dazu ₵ mit dem Bezugswert der Halben, hinsichtlich der spezifischen Ausprägung der Tempostufe – und nur darum geht es hier – ein Unterschied besteht, ist zweifelhaft und eher unwahrscheinlich. Offensichtlich setzen innerhalb einer Tempostufe die drei Klassen der Taktarten, nicht dagegen die möglichen Untergliederungen innerhalb dieser Klassen den Rahmen, in dem sich die konkrete Ausarbeitung eines Satzes jeweils vollzieht.

BWV	Erster Satz		Zweiter Satz		Dritter Satz		Vierter Satz		Dauer insgesamt
DIE DREI SONATEN FÜR VIOLINE ALLEIN — TEMPOVORSCHRIFTEN, TAKTARTEN UND TEMPOSTUFEN DER VIER SÄTZE									
1001 g	adagio	C ♪ = p	Fuga allegro	₵ ♩ = 3/2 p	Siciliana	12/8 ♩. = 3/4 p	presto	3/8 ♪ = 3 p	10'00" +1'40"
1003 a	grave	C ♪ = p	Fuga	2/4 ♩ = 3/2 p	andante	3/4 ♩ = 3/4 p	allegro	₵ ♩ = 3/2 p	12'30" +1'40"
1005 C	adagio	3/4 ♩ = p	Fuga	₵ ♩ = 3/2 p	largo	C ♩ = 3/4 p	allegro assai	3/4 ♩ = 3/2 p	15'00" +1'15"

Der zusammenfassende Vergleich der Dauern der drei Sonaten und ihrer einzelnen Sätze kann in der Tabelle auf der nächsten Seite nicht in großen Einheiten von 36 Takten oder 2'30" erfolgen, sondern muss sich der Normaltakte bedienen; denn auch die kleinen Einheiten von 6 Normaltakten oder 0'25" sind in die Disposition einbezogen. Die ersten und die letzten Sätze der drei Sonaten umfassen jeweils eine große Einheit oder 36 Normaltakte. Davon werden in einem dieser beiden Sätze kleine Einheiten hinzugezählt, und zwar von Sonate zu Sonate steigend eine, zwei und drei Einheiten, also 6, 12 und 18 Normaltakte. In der ersten und zweiten Sonate erfolgt die Addition im ersten, in der dritten im letzten Satz. Der dritte Satz besteht in allen drei Sonaten in der freien Addition von vier kleinen Einheiten oder 24 Normaltakten, also 1'40".

Der eigentliche Unterschied zwischen den drei Sonaten liegt in den Fugen, die deshalb durch die graue Unterlegung hervorgehoben sind. Sie beginnen in der ersten Sonate mit zwei großen Einheiten oder 72 Normaltakten und steigern sich von Sonate zu Sonate um eine große Einheit oder 36 Normaltakte auf drei und vier große Einheiten oder 108 und 144 Normaltakte, nämlich von 5'00" über 7'30" auf 10'00". Bei den Fugen werden die kleinen Einheiten, die in der ersten und zweiten Sonate beim ersten, in der dritten Sonate beim letzten Satz hinzugezählt werden, abgezogen. Allerdings beträgt der Abzug bei der dritten Sonate eine kleine Einheit zuviel, nämlich 24 statt 18 Einheiten oder

73

1'40" statt 1'15". In der dritten Sonate finden sich also zwei kleine Abweichungen von dem Schema, nämlich einerseits die Versetzung der Hinzufügung der drei kleinen Einheiten vom ersten in den letzten Satz, andererseits die Erhöhung des Abzugs bei der Fuge von drei auf vier kleine Einheiten. Sonst aber ist das Schema genau eingehalten.

DIE DAUERN DER DREI SONATEN FÜR VIOLINE ALLEIN UND IHRER EINZELNEN SÄTZE IN NORMALTAKTEN			
BWV Tonart	1001 g-Moll	1003 a-Moll	1005 C-Dur
1. Satz (langsam)	36+6	36+12	36
2. Satz (schnell): Fuge	72–6	108–12	144–24
3. Satz (langsam)	0+24	0+24	0+24
4. Satz (schnell)	36	36	36+18
Summen	144+24	180+24	216+18
Dauern	10'00"+1'40"	12'30"+1'40"	15'00"+1'15"

Der erste und der letzte Satz zusammen umfassen in allen drei Sonaten zwei große Einheiten, nämlich 72 Normaltakte oder 5'00". Der dritte Satz fügt 24 Normaltakte oder 1'40" hinzu. Das ist der feststehende Grundbestand. Die Addition der kleinen Einheiten bei einem der Außensätze wird bei den Fugen durch eine entsprechende Subtraktion ausgeglichen, die in der dritten Sonate um eine kleine Einheit zu groß ausfällt. So kommt die ganze Steigerung der Dauer von Sonate zu Sonate allein den Fugen zu. Der feststehende Grundbestand führt zusammen mit der wachsenden Steigerung der Fugen der Reihe nach auf die Dauern von 144, 180 und 216 Normaltakten oder 10'00", 12'30" und 15'00". Die kleinen Additionen und Subtraktionen gleichen sich aus, abgesehen von der einen zuviel subtrahierten kleinen Einheit in der letzten Sonate, die ihrer Summe mangelt. Die Disposition der drei Sonaten vollzieht sich in bezwingender Konsequenz. Infolge der gegensinnigen Abweichung der ersten und dritten Sonate vom mittleren Wert der zweiten Sonate beträgt die gesamte Dauer dieser drei Sonaten dreimal 12'30" gleich 37'30".

Abschließend sind die drei Partiten, die Partita für Partita auf die Sonaten folgen, in die Betrachtung einzubeziehen (vgl. Bd. 4, S. 205–215). Die Dauer der Partita I beträgt 12'30"; sie ist je zur Hälfte von zweimal 6'15" auf die Basissätze und Doubles aufgeteilt. Die Partita III umfasst ebenfalls 12'30", nämlich für das Preludio 5'00" und für die Stammsätze 7'30". Die Partita II erstreckt sich auf die Dauer von 20'00". Davon fallen den Tanzsätzen wie in der

Partita III 7'30" zu. Hieraus ergibt sich die Vermutung, dass für die Ciaccona, wie in der Partita III für das Preludio, als Basis 5'00" vorgesehen waren, die um 7'30" erweitert wurden; diese Erweiterung war dadurch gerechtfertigt, dass sie den erforderlichen Raum für das außerordentliche Stück bereitstellte. So wären die drei Partiten ursprünglich auf dreimal 12'30", also auf 37'30" projektiert gewesen; das hätte zusammen mit den drei Sonaten 75'00" ergeben. Dieser Rahmen wurde im Hinblick auf die Ciaccona um 7'30", also um den zehnten Teil, erweitert; die Erweiterung erfolgte nicht frei, sondern in Beziehung auf die Basis des Werks. Die Disposition der zweimal drei Satzfolgen für Violine allein ist von einer unnachahmlichen Vollkommenheit. Sie bezeugt die Sorgfalt, die Bach auf den Entwurf verwandt hat.

Die sechs Sonaten für Violine und Cembalo

Ein nur virtuell maßgebendes Werk

Die Sechszahl und die Reihenfolge der Sonaten für Violine und Cembalo (BWV 1014 bis 1019) sind von der Überlieferung gegeben und stehen fest. Die strukturelle Dauer, die das Werk erhalten sollte, kann jedoch nur vermutet werden. Denn die sechste Sonate weicht in allen drei Fassungen, in der sie vorliegt, hinsichtlich der Zahl, Art und Reihenfolge ihrer einzelnen Sätze von den anderen Sonaten ab und kann deshalb nicht in die maßgebende Funktion des Werks einbezogen werden.

Die Dreiergruppe der ersten Hälfte erreicht in der ersten und zweiten Sonate jeweils die Dauer von 10'00", in der dritten Sonate die Dauer von 17'30". Das ergibt für die drei Sonaten zusammen die Dauer von 37'30", für eine Sonate also einen Durchschnitt von 12'30". Somit unterschreiten die beiden ersten Sonaten die durchschnittliche Dauer um je 2'30"; der Fehlbetrag von 5'00" kommt der dritten Sonate zugute, die mit 17'30" die sonst streng eingehaltene Grenze der Dauer einer Sonate von 15'00" als einzige Ausnahme überhaupt überschreitet. In der zweiten Hälfte umfasst die vierte Sonate den durchschnittlichen Wert von 12'30" und überzieht die fünfte Sonate diesen Wert um 2'30" auf 15'00". Nun kann aus der Dauer von 37'30" der ersten Hälfte auf den gleichen Wert der zweiten Hälfte und damit auf die Dauer des Werks von 75'00" geschlossen werden. Um diese Werte zu erreichen, müsste sich die sechste Sonate auf die Dauer von 10'00" beschränken.

Es ist unbekannt, ob Bach eine Sonate dieser Dauer plante und dann seine Absicht änderte oder ob er von vornherein die letzte Sonate auch hinsichtlich der Dauer außerhalb des Plans stellen wollte und was ihn veranlasste, das zu tun. Denn jede der drei Fassungen der letzten Sonate bietet eine andere Dauer als die, die die erschlossene Dauer des Werks erfüllt. So müssen der planvolle Abschluss des Werks und seine gesamte Dauer von 75'00" eine Vermutung bleiben, die von der Realität überholt worden ist. Die sechste Sonate verweist die maßgebende Funktion des Werks in die Virtualität. Deshalb ist bei der Betrachtung die letzte Sonate von den vorhergehenden fünf Sonaten abzutrennen, die zunächst als in sich geschlossene Gruppe viersätziger Sonaten der Folge langsam–schnell–langsam–schnell zusammenzufassen sind.[23]

Die Gruppe der fünf Sonaten

Die vier Sätze der ersten Sonate in h-Moll stehen unter folgenden Tempobezeichnungen und Taktarten: *adagio* und 6/4, *allegro* und ₵, *andante* und C, *allegro* und 3/4. Die Tempostufe ist im ersten Satz 3/2 p, bezogen auf das Viertel, was, bezogen auf die übergeordnete punktierte Halbe, mit 1/2 p gleichzusetzen ist, im zweiten und vierten Satz 3/2 p, bezogen im zweiten Satz auf die Halbe, im vierten Satz auf das Viertel; im dritten Satz ist die Tempostufe auf die Hälfte ermäßigt und lautet 3/4 p, bezogen auf das Viertel. Sowohl die beiden langsamen als auch die beiden schnellen Sätze sind nach der Taktart in gerade und ungerade differenziert. Der erste Satz ist als zum 6/4- verdoppelter 3/4-Takt zu betrachten und gegenüber dem letzten Satz, der die Schlagzeit vierfach unterteilt, durch deren zweifache Unterteilung unterschieden. Im zweiten und dritten Satz dagegen ist die vierfache Unterteilung der Schlagzeit beibehalten, im dritten Satz jedoch gegenüber dem zweiten Satz die Tempostufe halbiert.

SONATE I FÜR VIOLINE UND CEMBALO IN h-MOLL (BWV 1014)						
Nr.	Tempo-bezeich-nung	Takt-art	Tempo-stufe	Taktzahl, umgerechnet auf C $\flat$ = p	Struktu-relle Interpre-tation	Dauer
1	adagio	6/4	$\flat$ = 3/2 p ($\flat$. = 1/2 p)	36	36	2'30"
2	allegro	₵	$\flat$ = 3/2 p	141:3=47	36+12	2'30"+0'50"
3	andante	C	$\flat$ = 3/4 p	29:3x4=38,67	36	2'30"
4	allegro	3/4	$\flat$ = 3/2 p	61:2=30,5	36–6	2'30"–0'25"
				152,17	144+6	10'00"+0'25"

[23] Die sechs Sonaten für Violine und Cembalo wurden herausgegeben von Rudolf Gerber in NBA VI/1 (1958, KB 1958) und, da inzwischen „hinsichtlich der Erschließung und Bewertung der Quellen wesentliche Neuerkenntnisse angefallen" waren, von Peter Wollny in NBA, revidierte Edition, Bd. 3 (2014). Vgl. außerdem Hans Eppstein, *Studien über J. S. Bachs Sonaten für ein Melodieinstrument und obligates Cembalo*, Uppsala 1966, S. 136–156, und Siegbert Rampe, *Sonaten für obligates Cembalo und Violine BWV 1014–1019a, 1022 und 1025*, in: derselbe und Dominik Sackmann (Hrsg.), Bachs Orchester- und Kammermusik, Teilband 2: Bachs Kammermusik, Laaber 2013 (Bach-Handbuch 5/2), S. 90–122.

Jeder der vier Sätze umfasst eine große Einheit von 36 Normaltakten oder 2'30", die im zweiten Satz um zwei kleine Einheiten vermehrt, im vierten Satz um eine kleine Einheit vermindert ist. So beläuft sich die ganze Sonate auf viermal 36, nämlich 144 Normaltakte, oder viermal 2'30", nämlich 10'00", wozu eine kleine Einheit von sechs Normaltakten oder 0'25" hinzutritt.

SONATE II FÜR VIOLINE UND CEMBALO IN A-DUR (BWV 1015)						
Nr.	Tempo-bezeich-nung	Takt-art	Tempo-stufe	Taktzahl, umgerechnet auf C ♩ = p	Struktu-relle Interpre-tation	Dauer
1	(adagio)	6/8	♪ = 3/2 p (♩. = 1/2 p)	38	36	2'30"
2	allegro assai	3/4	♩ = 3/2 p	122:2=61	36+24	2'30"+1'40"
3	andante un poco	C	♩ = 3/4 p	29:3x4=38,67	36	2'30"
4	presto	2	♩ = 3/2 p	115:3=38,33	36	2'30"
				176	144+24	10'00"+1'40"

Die zweite Sonate in A-Dur ist ähnlich strukturiert wie die erste und zeigt nur wenige Varianten. Der erste Satz – seine Tempobezeichnung *adagio* wird zwar nicht in der Hauptquelle, aber in einer Nebenquelle überliefert – ist im 6/8-Takt notiert, also einen Notenwert kleiner als der erste Satz der ersten Sonate; der Satz steht jedoch ebenfalls auf der Tempostufe 3/2 p, hier bezogen auf das Achtel, was der Tempostufe 1/2 p, bezogen auf das übergeordnete punktierte Viertel, entspricht. Die Taktarten der beiden schnellen Sätze sind gegenüber der ersten Sonate vertauscht. Dort bietet der zweite Satz *allegro* des geraden Takts ₵ der Tempostufe 3/2 p, bezogen auf die Halbe, der vierte Satz *allegro* des ungeraden Takts 3/4, ebenfalls der Tempostufe 3/2 p, bezogen auf das Viertel, hier umgekehrt der zweite Satz *allegro assai* des ungeraden Takts 3/4 der Tempostufe 3/2 p, bezogen auf das Viertel, der vierte Satz *presto* des geraden Takts 2 der Tempostufe 3/2 p, bezogen auf die Halbe. Der dritte Satz stimmt in beiden Sonaten mit C und der Tempostufe 3/4 p, bezogen auf das Viertel, überein; nur die Tempobezeichnung *andante* ist in der zweiten Sonate durch den Zusatz *un poco* ergänzt. Soweit ich sehe, handelt es sich insgesamt um Varianten, die als Schmuck zu verstehen sind und den Bereich der Tempostufen nicht berühren. Das gilt auch für die Vertauschung der Taktarten der beiden schnellen Sätze, wenn sie in diesem Fall für die Betrachtung zusammengenommen werden.

Jeder der vier Sätze umfasst in der zweiten wie in der ersten Sonate eine große Einheit von 36 Normaltakten oder 2'30", die in der zweiten Sonate nur im zweiten Satz vermehrt wird, und zwar um vier kleine Einheiten. So beläuft sich die ganze Sonate auch hier auf viermal 36, nämlich 144 Normaltakte, oder viermal 2'30", nämlich 10'00", wozu diesmal vier kleine Einheiten von sechs Normaltakten oder 1'40" hinzutreten. Auffällig ist, dass die Richtwerte aller vier Sätze überschritten sind. Diese Überschreitungen gleichen sich nicht zwischen den Sätzen aus und summieren sich auf 8 Normaltakte, die, wenn sie eingerechnet würden, auf die Addition einer weiteren kleinen Einheit führten. Aufs Ganze gesehen stellt jedoch die Zeitstruktur der zweiten Sonate eine nur geringfügig variierte Replik der ersten Sonate dar. Die Parallelität der beiden Satzfolgen dokumentiert, wie unterschiedlich die Ergebnisse ausfallen können, die ausgehend von einer gemeinsamen strukturellen Basis möglich sind.

SONATE III FÜR VIOLINE UND CEMBALO IN E-DUR (BWV 1016)					
Nr.	Tempo-bezeich-nung	Takt-art	Tempo-stufe	Taktzahl, umgerechnet auf C $\downarrow$ = p	Struktu-relle Interpre-tation	Dauer
1	adagio	C	$\downarrow$ = 1/2 p	34x2=68	72–6	5'00"–0'25"
2	allegro	2	$\downarrow$ = 3/2 p	144:3=48	36+12	2'30"+0'50"
3	adagio ma non tanto	3/4	$\downarrow$ = 3/4 p	65	72–6	5'00"–0'25"
4	allegro	3/4	$\downarrow$ = 3/2 p	154:2=77	72+6	5'00"+0'25"
				258	252+6	17'30"+0'25"

Der erste Satz der dritten Sonate in E-Dur, *adagio* überschrieben, steht mit der Taktvorzeichnung C unter der Tempostufe 1/2 p, bezogen auf das Viertel. Diese Tempostufe wird bestätigt durch die satztechnische Ähnlichkeit mit der Sinfonia der Kantate „Weinen, Klagen, Sorgen, Zagen" (BWV 12/1, NBA I/11.2). Die Sinfonia ist *adagio assai* (gleichbedeutend mit *molt' adagio*) überschrieben und zielt auf die Tempostufe 1/2 p; Hans Eppstein (*Studien*, S. 141) hat die Anfänge der beiden Sätze im Vergleich notiert. In den triolierten Takten der ersten Sätze der ersten und zweiten Sonate bezieht sich diese Tempostufe auf den jeweils übergeordneten Wert der punktierten Halben oder des punktierten Viertels, hier dagegen im nicht triolierten geraden Takt auf das

Viertel. Die beiden schnellen Sätze sind *allegro* überschrieben und entsprechen der ersten Sonate; unter der Tempostufe 3/2 p lautet die Taktvorzeichnung für den zweiten Satz dort ₵, hier 2, beide Male bezogen auf die Halbe, für den vierten Satz dort und hier 3/4, bezogen auf das Viertel. Der langsame dritte Satz steht unter der Tempovorschrift *adagio* mit dem Zusatz *ma non tanto* auf der Tempostufe 3/4 p, bezogen auf das Viertel, in den beiden ersten Sonaten in einem geraden Takt zu vier Vierteln, hier in einem ungeraden Takt zu drei Vierteln.

Abgesehen von dieser Abweichung in der Taktart des dritten Satzes und in der Taktart und Tempostufe des ersten Satzes liegt der grundlegende Unterschied der dritten Sonate bei einem Vergleich mit der ersten und zweiten Sonate in der Dauer der einzelnen Sätze und der ganzen Satzfolge. Nur der zweite Satz behält die Dauer von einer großen Einheit oder 36 Normaltakten bei; die drei anderen Sätze steigern sie jeweils auf das Doppelte von zwei großen Einheiten oder 72 Normaltakten. Der zweite Satz wird um zwei kleine Einheiten von 12, der vierte um eine kleine Einheit von 6 Normaltakten vermehrt, der erste und der dritte Satz um je eine dieser Einheiten vermindert. Auf diese Weise erreicht die Sonate die außerordentliche Dauer von 252 Normaltakten, nämlich sieben großen Einheiten oder 17'30", zu denen eine kleine Einheit von 6 Normaltakten oder 0'25" hinzutritt. Die 17'30" der Sonate ergeben, zusammen mit den zweimal 10'00" der ersten und zweiten Sonate, 37'30"; das ist die Hälfte der vermutlich geplanten gesamten Dauer des Werks.

Die vierte Sonate in c-Moll und die fünfte Sonate in f-Moll führen für ihre ersten Sätze neue, bisher im Werk unbekannte Satztypen ein und heben sich dadurch hervor. Der erste Satz der vierten Sonate ist *largo* (in anderen Quellen *alla Siciliana* oder *Siciliano*) überschrieben; sein 6/8-Takt zeigt, wie in diesem Satztypus üblich, die Tempostufe 3/4 p, bezogen auf das übergeordnete punktierte Viertel. Der erste Satz der fünften Sonate steht im Takt zu drei Halben auf der Tempostufe 3/4 p, bezogen auf die Halbe, und verzichtet auf eine Tempovorschrift. Die anderen Sätze der beiden Sonaten bewegen sich im Rahmen der bekannten Variationsbreite. In beiden Sonaten stehen der zweite Satz mit der Tempobezeichnung *allegro* unter ₵ auf der Tempostufe 3/2 p, bezogen auf das Viertel, der vierte Satz in der vierten Sonate mit der Tempobezeichnung *allegro* unter 2/4 ebenfalls auf der Tempostufe 3/2 p, bezogen auf das Viertel, in der fünften Sonate dagegen mit der Tempobezeichnung *vivace* unter 3/8 auf der Tempostufe 3 p, die aber auf einen Notenwert kleiner, also auf das Achtel, bezogen ist. Der dritte Satz folgt in beiden Sonaten der Tempovorschrift *adagio* auf der Tempostufe 3/4 p, in der vierten Sonate unter 3/4, in der fünften Sonate unter ₵. In einer früheren Version des dritten Satzes der fünften Sonate bietet das Cembalo Akkordbrechungen in auftaktigen Sechzehnteln, die, von Viertel zu Viertel abwechselnd, rechts abwärts und links aufwärts geführt sind und erst später zu den Zweiunddreißigsteln der endgültigen Version diminuiert werden.

SONATE IV FÜR VIOLINE UND CEMBALO IN c-MOLL (BWV 1017)						
Nr.	Tempo-bezeich-nung	Takt-art	Tempo-stufe	Taktzahl, umgerechnet auf C $\mathsf{J} = p$	Struktu-relle Interpre-tation	Dauer
1	largo (Sici-liano)	6/8	$\mathsf{J.} = 3/4\ p$	36:3x2=24	36–12	2'30"–0'50"
2	allegro	C	$\mathsf{J} = 3/2\ p$	109:3x2=72,67	72	5'00"
3	adagio	3/4	$\mathsf{J} = 3/4\ p$	60	36+24	2'30"+1'40"
4	allegro	2/4	$\mathsf{J} = 3/2\ p$	118:3=39,33	36	2'30"
				196	180+12	12'30"+0'50"

SONATE V FÜR VIOLINE UND CEMBALO IN f-MOLL (BWV 1018)						
Nr.	Tempo-bezeich-nung	Takt-art	Tempo-stufe	Taktzahl, umgerechnet auf C $\mathsf{J} = p$	Struktu-relle Interpre-tation	Dauer
1		3/2	$\mathsf{J} = 3/4\ p$	108	108	7'30"
2	allegro	C	$\mathsf{J} = 3/2\ p$	60:3x2=40	36	2'30"
3	adagio	C	$\mathsf{J} = 3/4\ p$	27:3x4=36	36	2'30"
4	vivace	3/8	$\mathsf{\flat} = 3\ p$	148:4=37	36	2'30"
				221	216	15'00"

Die vierte und die fünfte Sonate, die beiden ersten Sonaten der zweiten Hälfte, zeigen zwar in den Taktarten und Tempostufen nur variative Abweichungen, unterscheiden sich jedoch hinsichtlich der strukturellen Dauer deutlich; denn die vierte Sonate erstreckt sich auf den Durchschnittswert von 180 Normaltakten oder 12'30", während die fünfte Sonate um 2'30" darüber hinausgeht und 216 Normaltakte oder 15'00" umfasst. Von den fünf großen Einheiten der vierten Sonate kommen zwei auf den schnellen zweiten Satz, je eine auf die drei anderen Sätze; dem ersten Satz werden zwei kleine Einheiten genommen, dem dritten Satz vier kleine Einheiten gegeben, sodass die Summe von 12'30" um zwei kleine Einheiten oder um 0'50" erhöht wird. Von den sechs großen Einheiten der fünften Sonate kommen drei auf den ersten langsamen Satz, je eine auf die drei folgenden Sätze, die damit zusammen ebenso lang dauern wie der erste Satz. Da keine Änderungen durch kleine Einheiten stattfinden, bleibt es bei der Dauer von 15'00".

Die strukturelle Dauer der vierten und fünften Sonate von 12'30' und 15'00", zusammen 27'30", bedürfte, um die extrapolierte Dauer der zweiten Hälfte von 37'30" zu erfüllen, noch einer viersätzigen Sonate von 10'00", die es nicht gibt. Dieser Mangel wird von der tatsächlich vorhandenen sechsten Sonate in unerwarteter Weise reichlich erstattet.

Übersicht

Bevor ich die drei Fassungen der sechsten Sonate vorstelle, füge ich die Übersicht über das Werk ein, soweit es in den ersten fünf Sonaten greifbar ist. Dafür dient auch die Tabelle auf der nächsten Seite.

Die Zeitstruktur der zweiten und vierten Sätze der ersten fünf Sonaten ist von hoher Einheitlichkeit. Die beiden schnellen Sätze zeigen mit einer Ausnahme durchgängig die Tempostufe 3/2 p. In den drei Sonaten der ersten Hälfte bilden die beiden Sätze hinsichtlich der Taktart ein komplementäres Verhältnis; steht der eine Satz in einem geraden, dann der andere in einem ungeraden Takt und umgekehrt. Dabei ist die Tempostufe für die geraden Takte mit der Vorzeichnung ℂ im zweiten Satz der ersten, der Vorzeichnung 2 im vierten Satz der zweiten und ersten Satz der dritten Sonate stets auf die Halbe, für die ungeraden Takte der komplementären Sätze mit der Vorzeichnung 3/4 stets auf das Viertel bezogen. Die Tempovorschrift lautet in der ersten und dritten Sonate jeweils für beide Sätze *allegro*, das im zweiten Satz der zweiten Sonate um *assai* erweitert, in ihrem vierten Satz durch *presto* ersetzt ist.

In der zweiten Hälfte weicht das Muster der entsprechenden Sätze der vierten und fünften Sonate geringfügig ab. In der vierten Sonate stehen beide Sätze in einem geraden Takt, der zweite unter C in einem Takt zu vier Vierteln, der vierte in einem Takt zu zwei Vierteln, beide wieder mit der Tempovorschrift *allegro* versehen. In der fünften Sonate zeigt der zweite Satz ebenfalls die Vorschrift *allegro* und die Taktvorzeichnung C, dem der vierte Satz mit der Vorschrift *vivace* ausnahmsweise einen 3/8-Takt der Tempostufe 3 p hinzufügt; die verdoppelte Tempostufe ist allerdings auf das Achtel, also auf einen Notenwert kleiner, bezogen. Alle zehn schnellen Sätze repräsentieren die Satzstruktur eines Trios.

Die ersten fünf Sonaten für Violine und Cembalo Tempovorschriften, Taktarten und Tempostufen der vier Sätze									
BWV	Erster Satz		Zweiter Satz		Dritter Satz		Vierter Satz		Dauer insgesamt
1014 h	adagio	6/4 𝅗𝅥. = 1/2 p	al- legro	¢ 𝅗𝅥 = 3/2 p	an- dante	C ♩ = 3/4 p	al- legro	3/4 ♩ = 3/2 p	10'00" +0'25"
1015 A	(ada- gio)	6/8 ♩. = 1/2 p	al- legro assai	3/4 ♩ = 3/2 p	an- dante un poco	C ♩ = 3/4 p	presto	2 𝅗𝅥 = 3/2 p	10'00" +1'40"
1016 E	adagio	C ♩ = 1/2 p	al- legro	2 𝅗𝅥 = 3/2 p	adagio ma non tanto	3/4 ♩ = 3/4 p	al- legro	3/4 ♩ = 3/2 p	17'30" +0'25"
1017 c	largo (Sici- liano)	6/8 ♩. = 3/4 p	al- legro	C ♩ = 3/2 p	adagio	3/4 ♩ = 3/4 p	al- legro	2/4 ♩ = 3/2 p	12'30" +0'50"
1018 f		3/2 𝅗𝅥 = 3/4 p	al- legro	C ♩ = 3/2 p	adagio	C ♩ = 3/4 p	vivace	3/8 ♪ = 3 p	15'00"

Auch dem dritten, langsamen Satz weisen alle fünf Sonaten eine einheitliche Tempostufe zu, die hier gegenüber den schnellen Sätzen auf 3/4 p halbiert ist. Sie steht in der ersten und zweiten Sonate unter der Tempovorschrift *andante*, die in der zweiten Sonate um *un poco* ergänzt ist, von der dritten Sonate an unter der Tempovorschrift *adagio*, die in der dritten Sonate durch *ma non tanto* ergänzt ist. Die Zusätze scheinen von zwei Seiten auf die gleiche Tempostufe zu zielen; die Vorschrift *andante* soll nicht zu einem zu schnellen, die Vorschrift *adagio* nicht zu einem zu langsamen Tempo verleiten. Zur Wahl stehen in beiden Hälften ein gerader Takt zu vier und ein ungerader Takt zu drei Vierteln, die den Bezugswert der Tempostufe bilden; die beiden Möglichkeiten verteilen sich in der ersten Hälfte auf C in der ersten und zweiten, 3/4 in der dritten Sonate, in der zweiten Hälfte auf 3/4 in der vierten und C in der fünften Sonate.

Allerdings entspricht der einheitlichen Tempostufe bei den langsamen dritten Sätzen nicht, wie bei den schnellen Sätzen, eine einheitliche Satzstruktur. Zwar bieten die erste und die zweite Sonate ebenfalls einen Triosatz. In der ersten Sonate stehen einem Bass in durchgehenden Achteln die Sechzehntel der beiden Oberstimmen gegenüber, die sich auf wenige figurative Elemente konzentrieren und oft in unvollkommenen Konsonanzen parallel geführt sind. In der zweiten Sonate entfaltet sich über einem Bass in Sechzehnteln ein Kanon der beiden Oberstimmen, der den Abstand von vier Vierteln im Einklang einhält. Sein thematischer Beginn erscheint im Verlauf des Stücks auf der Dominante und als Epilog auf der Tonika, der mit einem Halbschluss endet.

In der dritten Sonate tritt jedoch ein neuer Satztypus auf. Zu Beginn exponiert das Cembalo im Bass einen fallenden Ostinato von vier Takten, dessen Viertel die rechte Hand mit in Achteln wiederholten Harmonien ergänzt. Der ersten Wiederholung des Ostinatos und seiner Harmonien im Cembalo fügt die Oberstimme Sechzehnteltriolen, der zweiten Wiederholung Sechzehntel hinzu. Dann aber vertauschen sich die Rollen zwischen Violine und rechter Hand des Cembalos; die Violine übernimmt in Doppelgriffen die Ausführung der Harmonien, die rechte Hand des Cembalos die Sechzehnteltriolen oder Sechzehntel. Unter strenger Wahrung der viertaktigen Gliederung weitet der Ostinato den harmonischen Radius. Die Ausführung der Harmonien verschwindet, sodass die beiden Oberstimmen miteinander duettieren, kehrt aber andeutungsweise mal im Cembalo, mal in der Violine wieder.

Der dritte Satz der fünften Sonate verabsolutiert eine Satzfaktur, in der die Harmonien von den Doppelgriffen der Violine in Achteln wiederholt und im Cembalo, von Taktzeit zu Taktzeit zwischen rechts und links wechselnd, umspielt werden. Dem zweistimmigen Tonsatz der Violine ist allerdings, wie Hans Eppstein (*Studien*, S. 39 und 56–58) gezeigt hat, eine imitatorische Struktur einbeschrieben.

Der dritte Satz der vierten Sonate ist zusammen mit ihrem ersten Satz zu sehen. Dieser erste Satz, *alla Siciliana* im 6/8-Takt, ist in drei Schichten angelegt. Das Cembalo figuriert die Harmonien, bezogen auf die übergeordneten Zählzeiten des punktierten Viertels der Tempostufe 3/4 p, links in drei Achteln, rechts in sechs Sechzehnteln, und begleitet so die Melodie, die die Violine darüber entfaltet. Entsprechend bietet im 3/4-Takt des dritten Satzes das Cembalo die Harmonien, die es links hauptsächlich in Vierteln, selten in Achteln fundiert und rechts in drei Achteltriolen, also wieder bezogen auf die übergeordneten Zählzeiten der Tempostufe 3/4 p, figuriert; so begleitet es die Melodie, die auch hier die Violine darüber entfaltet. Dem ersten Satz der zweiten Sonate liegt die Satzstruktur des Trios zugrunde, die demnach in dieser Sonate für alle vier Sätze gilt.

Die ersten Sätze der ersten, dritten und fünften Sonate stellen demgegenüber eine Satzstruktur vor, die im Verhältnis der beiden Instrumente singulär ist. Im Prinzip bietet das Cembalo eine figurativ reich ausgearbeitete Begleitung; darüber erhebt sich eine schweifende Melodie der Violine, die bisweilen stark diminuiert sein kann. Allerdings erscheint dieses Prinzip in mehrfacher

Differenzierung. Der erste Satz der ersten Sonate besteht aus drei Schichten, die sich außer mit der Violine mit den beiden Händen des Cembalos verbinden. Innerhalb des 6/4-Takts hat die linke Hand in Achteln steigende Akkordbrechungen, die rechte Hand zweistimmige paarige Achtel, die überwiegend stufenweise fallen und sich anfänglich von halbem zu halbem Takt mit der linken Hand abwechseln, aber auch in längere Zusammenhänge übergehen. Doch die Violine greift in Doppelgriffen die Achtel der rechten Hand des Cembalos auf, ja reißt sie gewissermaßen an sich, sodass die rechte Hand des Cembalos auf eine Ausarbeitung der Harmonien beschränkt wird. Im Cembalo übernimmt die rechte Hand nie das Bewegungsmuster der linken Hand, die linke Hand nur selten das Bewegungsmuster der rechten Hand. Die satztechnischen Bereiche der beiden Hände bleiben also weitgehend getrennt, während sich die Violine einen solchen Bereich mit der rechten Hand des Cembalos teilt.

Der erste Satz der dritten Sonate verkörpert das Prinzip am reinsten. Die linke Hand des Cembalos schlägt, meistens auf dem ersten und dritten Viertel eines Takts, in Oktaven die Basis der Harmonien an. Die rechte Hand bietet mehrstimmige Figuren in vier Sechzehnteln, die in der Regel auf einem Achtel enden, aber auch mehrfach aneinander gekettet sein können. Die Melodie der Violine ist zwischen den Haltetönen außerordentlich reich diminuiert. Wie das Beispiel der Kantate BWV 12/1 zeigt, könnte der Satztypus in einleitenden Sinfonien von Kantaten ausgebildet und von dort in vergleichbarer Funktion auf die Sonaten übertragen worden sein (vgl. oben S. 80). So wäre das Cembalo als obligater, reich ausgearbeiteter Begleitsatz des solistischen Melodieinstruments zu verstehen. Hier bleiben also die satztechnischen Bereiche der beiden Instrumente getrennt. Das gilt weitgehend auch für den ersten Satz der fünften Sonate; er entwickelt den meist dreistimmigen Satz des Cembalos aus einer Figur von der Dauer eines Takts, an die die Violine allenfalls gelegentlich anklingt.

Die ersten Sätze dieser drei Sonaten sind in doppelter Weise aufeinander bezogen. Der fundamentale Motivkomplex hat folgenden Umfang: in der ersten Sonate im 6/4-Takt der Tempostufe 1/2 p, bezogen auf die punktierte Halbe, zwei punktierte Halbe; im 4/4-Takt der dritten Sonate der Tempostufe 1/2 p, bezogen auf das Viertel, zwei Viertel; in der fünften Sonate im 3/2-Takt der Tempostufe 3/4 p, bezogen auf die Halbe, drei Halbe, die zusammengenommen in einem Takt zwei der Werte der beiden anderen Sonaten entsprechen. Auf diese gleich lange Dauer von zweimal 1/2 p und dreimal 3/4 p (rechnerisch beides gleich 1/4 p) entfallen in der ersten Sonate zwölf Achtel, in der dritten Sonate acht Sechzehntel, in der fünften Sonate sechs Viertel. Die Bezugswerte Achtel, Sechzehntel und Viertel der fallenden Reihe zwölf–acht–sechs deuten darauf hin, dass der Satz in der dritten Sonate in halbierten, in der fünften Sonate in verdoppelten Werten gegenüber dem Satz in der ersten Sonate notiert ist (abgesehen davon, dass ein 4/4-Takt der dritten Sonate als verdoppelter 2/4-Takt zu verstehen ist).

Von Sonate zu Sonate verringert sich Schritt für Schritt die Zahl der Unterteilungen, die auf den gleichen Wert entfällt. Die ersten Sätze werden in dieser Hinsicht immer langsamer. Außerdem erweitern die ersten Sätze der drei Sonaten ihre Dauer, ähnlich den Fugen der Sonaten für Violine allein (S. 73f.), einer nach dem anderen von einer über zwei auf drei große Einheiten von 2'30". Diese ersten Sätze werden also nicht nur langsamer, sie dauern im Gegenzug auch länger. Auf diese doppelt gestufte Weise demonstrieren sie ihren Zusammenhalt.

Die langsamen Sätze der fünf Sonaten bilden eine Gruppe, die weniger einheitlich organisiert ist als die Gruppe der schnellen Sätze. Das gilt bereits für die dritten Sätze, die ja schon durch den tonartlichen Wechsel – in den ersten vier Sonaten in die Parallele, in der fünften Sonate in die Molldominante – einen eigenen Akzent setzen. Besonders aber die ersten Sätze stellen der Einheitlichkeit der schnellen Sätze die Variabilität gegenüber. Überdies konstituieren die ersten Sätze der drei genannten Sonaten den Typus der langsamen Einleitung einer viersätzigen Sonate. Sie stehen sozusagen als Praeludium den drei folgenden Sätzen voran, die aus den dreisätzigen Sonaten nach Art eines Konzerts bekannt sind.

	Die sechs Sonaten für Violine und Cembalo					
	Die erste Hälfte			Die zweite Hälfte		
Tonart	h-Moll	A-Dur	E-Dur	c-Moll	f-Moll	G-Dur
Dur		▼	▼			▼
Moll	▼			▼	▼	
BWV	1014	1015	1016	1017	1018	x
1. Satz	1	1	2	1	3	?
2. Satz	1	1	1	2	1	?
3. Satz	1	1	2	1	1	?
4. Satz	1	1	2	1	1	?
	5–1	5–1	5+2	5	5+1	5–1
Summen	15 Einheiten zu 2'30" = 37'30"			15 Einheiten zu 2'30" = 37'30"		
	30 Einheiten zu 2'30" = 75'00"					

Die Dauern der Sonaten belaufen sich in der ersten Hälfte auf zweimal vier und einmal sieben große Einheiten. Das lässt darauf schließen, dass die vier großen Einheiten der ersten beiden Sonaten als zweimal 5–1 zu verstehen sind, was die dritte Sonate mit 5+2 ausgleicht. Die 15 großen Einheiten zu 2'30", auf die sich die drei Sonaten dieser Hälfte erstrecken, ergeben 37'30". Wenn in der zweiten Hälfte die vierte Sonate fünf und die fünfte Sonate sechs, nämlich 5+1 große Einheiten umfasst, dann müsste die sechste Sonate vier, nämlich 5–1 große Einheiten erhalten, um für die zweite Hälfte den gleichen Wert zu erreichen. Eine sechste Sonate dieser Dauer aber gibt es nicht und kann nur hypothetisch mit x bezeichnet werden.

Die ersten beiden Sonaten mit der Dauer von vier großen Einheiten teilen jedem Satz die Dauer einer Einheit zu, während die dritte Sonate mit der Dauer von sieben Einheiten nur für den zweiten Satz eine Einheit, für die anderen drei Sätze dagegen je zwei Einheiten vorsieht. In der zweiten Hälfte erhält die vierte Sonate mit der Dauer von fünf Einheiten umgekehrt nur für den zweiten Satz zwei Einheiten, dagegen für die anderen drei Sätze je eine Einheit. Die fünfte Sonate erhöht die Dauer des ersten Satzes, wie erwähnt, auf drei Einheiten, sodass für die anderen drei Sätze je eine Einheit übrig bleibt. Die Dauern, die den Sätzen der sechsten Sonate mit der Dauer von vier Einheiten hätten zukommen können, müssen ungewiss bleiben; denn außer je einer Einheit für jeden Satz wären auch andere Lösungen denkbar, etwa für zwei Sätze anderthalb und für zwei Sätze eine halbe Einheit. Die ursprüngliche Absicht für die sechste Sonate, so eine solche Absicht überhaupt jemals bestand, muss eine Leerstelle bleiben.

Einigermaßen sicher allerdings scheint, dass die Tonart G-Dur von vornherein für die sechste Sonate vorgesehen war und auch beibehalten wurde, als sie durch ein anderes Exemplar ersetzt wurde. Denn so ergeben sich in der ersten Hälfte eine Sonate in Moll und zwei Sonaten in Dur, in der zweiten Hälfte umgekehrt zwei Sonaten in Moll und eine Sonate in Dur. Diese Bestimmung lässt sich noch verfeinern. Denn die erste Hälfte erhält zwei Sonaten in Dur mit drei und vier Erhöhungszeichen, die zweite Hälfte zwei Sonaten in Moll mit drei und vier Erniedrigungszeichen.

Bemerkenswert ist hieran die Beziehung zur Ordnung der Tonarten in den Sonaten und Partiten für Violine allein: „Die Tonarten der drei Sonaten lauten g-Moll, a-Moll und C-Dur, die Tonarten der drei Partiten h-Moll, d-Moll und E-Dur. Die sechs Stufen des Hexachordum durum werden für die Sonaten und die Partiten durch die Vertauschung von mi und fa so in zwei Dreiergruppen gebracht, dass sie im Verhältnis der Krebsumkehrung stehen; diesen beiden Dreiergruppen sind die Tongeschlechter in zwei parallelen Folgen als

Moll–Moll–Dur zugeordnet."[24] In dem Werk für Violine allein stehen also den Sonaten mit einem Ganzton und einer kleinen Terz aufwärts die Partiten, rückläufig gelesen, mit einem Ganzton und einer kleinen Terz abwärts gegenüber.

Die Tonarten der Sonaten für Violine und Cembalo lauten in der ersten Hälfte h-Moll, A-Dur und E-Dur, in der zweiten Hälfte c-Moll, f-Moll und G-Dur. Die beiden Hälften stehen also nicht im Verhältnis der Krebsumkehrung, sondern der bloßen Rückläufigkeit, in der ersten Hälfte Ganzton abwärts und Quint aufwärts, in der zweiten Hälfte, rückläufig gelesen, ebenfalls Ganzton abwärts und Quint aufwärts, oder, gemäß den Tongeschlechtern betrachtet: in der ersten Hälfte Moll–Dur–Dur, in der zweiten Hälfte, rückläufig gelesen, Dur–Moll–Moll.

Die äußeren Stufen einerseits der Partiten für Violine allein und der ersten Hälfte der Sonaten für Violine und Cembalo, andererseits der Sonaten für Violine allein und der zweiten Hälfte der Sonaten für Violine und Cembalo stimmen überein: hier h und e, dort g und c. Die mittleren Stufen dagegen werden in den Sonaten für Violine und Cembalo von der intervallischen Beziehung zu den äußeren Stufen bestimmt. Die Zugehörigkeit der Stufen zu einer von c nach e fallenden Leiter lässt allerdings keine Beziehung zu einem der Hexachorde erkennen. Jedoch sind sie den beiden Hälften in spiegelbildlicher Entsprechung zugeordnet: c am Beginn der zweiten Hälfte und e am Ende der ersten Hälfte, dazwischen h und a in der ersten Hälfte und, in entgegengesetzter Richtung, g und f in der zweiten Hälfte.

Die Betrachtung der Ordnung der Tonarten in den Sonaten für Violine und Cembalo bestätigt die fixierte Stellung der Stufe und des Tongeschlechts der Tonart G-Dur am Ende des Werks. Diese Tonart trägt die ganze Verantwortung für die Zugehörigkeit der jetzt an letzter Stelle stehenden Sonate. Denn

---

[24] Vgl. Bd. 4, S. 205, außerdem in dem in der nächsten Fußnote genannten Aufsatz von Hans Eppstein, S. 239.

diese Zuordnung lässt sich aus der Zahl, Art und Reihenfolge ihrer einzelnen Sätze und der Dauer ihrer drei Fassungen nicht begründen.

Der Sonderfall der sechsten Sonate

Die sechste Sonate in G-Dur gehört gemäß der Überlieferung ohne Zweifel zu dem Werk der sechs Sonaten für Violine und Cembalo. Dennoch ist sie, verglichen mit den fünf vorhergehenden Sonaten, ein Sonderfall. Sie gehört nicht, wie diese, den viersätzigen Sonaten an. Ihre mehr als drei Sätze stellen die Erweiterung einer dreisätzigen Sonate dar; denn sie beginnt mit einem schnellen Satz. Diese Sonate ist in drei verschiedenen Fassungen überliefert. Frieder Rempp fasst zusammen: „Sie ist als einzige Sonate dieser Werkgruppe in ihrer Echtheit angezweifelt worden, sie weist als einzige drei erheblich voneinander abweichende Fassungen auf, und sie folgt als einzige in der formalen Gestaltung dieser drei Fassungen nicht dem viersätzigen Formschema der Kirchensonate, sondern erweitert in jeweils unterschiedlicher Weise die Form der dreisätzigen Kammersonate. Ganz offenkundig hatte Bach, hierin einer Tradition seiner Zeit folgend, eine besonders auffällige Komposition als Abschluß dieser Werkgruppe geplant.“[25]

Die Besonderheit der sechsten Sonate besteht darin, dass sie nicht nur die Zahl der Sätze über die üblichen drei hinaus erhöht, sondern dass sie überdies Besetzungsstrukturen aufnimmt, die sich nicht unter die Gattung von Sonaten für Violine und Cembalo subsumieren lassen. Solche fremden Besetzungsstrukturen lauten Solo für Cembalo und Solo für Violine mit Begleitung des Basses, ja die Übertragung einer Arie, die ursprünglich für konzertierende Violine und Sopran mit Begleitung der Streicher bestimmt war, auf Violine und Cembalo unter Weglassung des Texts.

Das formale Problem, das in den Satzfolgen der drei Fassungen abgehandelt wird, besteht allerdings nicht nur in der Hinzufügung anderer Sätze zum dreisätzigen Grundmuster. Vielmehr diskutiert die Reihe der drei Fassungen die Frage, auf welche Weise eine axialsymmetrische Anordnung der einzelnen Sät-

---

[25] Vgl. Hans Eppstein, *Zur Problematik von J. S. Bachs Sonate für Violine und Cembalo G-Dur (BWV 1019)*, in: Archiv für Musikwissenschaft 21 (1964), S. 217–242; Hans-Joachim Schulze, *Studien zur Bach-Überlieferung im 18. Jahrhundert*, Leipzig und Dresden 1984, S. 110–119; Frieder Rempp, *Überlegungen zur Chronologie der drei Fassungen der Sonate G-Dur für Violine und konzertierendes Cembalo, (BWV 1019)*, in: Martin Staehelin (Hrsg.), „Die Zeit, die Tag und Jahre macht". Zur Chronologie des Schaffens von Johann Sebastian Bach, Bericht über das Internationale wissenschaftliche Colloquium aus Anlaß des 80. Geburtstages von Alfred Dürr, Göttingen, 13.–15. März 1998, Göttingen 2001 (Abhandlungen der Akademie der Wissenschaften zu Göttingen, Philologisch-historische Klasse, Dritte Folge, Nr. 240), S. 169–183 (das Zitat S. 169).

ze einer Sonate schlüssig hergestellt werden kann. Dieses Thema hat zwar nichts mit den fünf vorhergehenden Sonaten zu tun. Aber es ist so eigenwillig, dass seine Behandlung die Krönung des Werks darzustellen vermag, gerade weil es sich von den vorhergehenden Sonaten löst und aus dem Plan des Werks heraustritt. Die Sonderstellung ist kein Makel, sondern eine Auszeichnung. Die Einführung fremder Besetzungsstrukturen ist Teil dieser Sonderstellung. Denn deren Fremdheit erweckt Aufmerksamkeit; sie dient dazu, auf die axialsymmetrische Anordnung hinzuweisen und sie zu verdeutlichen.

Bei den Schemata der drei Fassungen sind in der Überschrift die Quellen, in denen sie jeweils überliefert sind, genannt, und zwar nach den Siglen sowohl von Rudolf Gerber in NBA VI/1 als auch von Peter Wollny in NBA[rev] 3; die beiden bei Wollny gegenüber Gerber ergänzten Quellen der dritten Fassung sind bereits bei Rempp angeführt (*Überlegungen zur Chronologie*, S. 172). Der Ausgabe von Wollny kommt das Verdienst zu, alle drei Fassungen in voller Länge vorgelegt und auf diese Weise anschaulich gemacht zu haben.

	SONATE VI FÜR VIOLINE UND CEMBALO IN G-DUR DRITTE FASSUNG (BWV 1019) QUELLEN A, B, F, G (GERBER) = QUELLEN D, G, C, F, ERGÄNZT UM B UND D-LEb (WOLLNY)					
Nr.	Tempobezeichnung	Taktart	Tempostufe	Taktzahl, umgerechnet auf C ♩ = p	Strukturelle Interpretation	Dauer
1	allegro	C	♩ = 3/2 p	91:3x2=60,67	54+6	3'45"+0'25"
2	largo	3/4	♩ = 3/4 p	21	18+6	1'15"+0'25"
3	allegro	C	♩ = 3/2 p	62:3x2=41,33	36+6	2'30"+0'25"
4	adagio	C	♩ = 3/4 p	21:3x4=28	18+6	1'15"+0'25"
5	allegro	6/8	♪ = 3 p	119:2=59,5	54+6	3'45"+0'25"
				210,5	180+30	12'30"+2'05"

Ich beginne mit dem Zielpunkt der Entwicklung; denn in der dritten Fassung kommt die Absicht am bündigsten zum Ausdruck. Der eröffnende Satz ist *allegro* überschrieben; er steht unter der Vorzeichnung C auf der Tempostufe 3/2 p. Im folgt der zweite Satz, *largo* unter der Vorzeichnung 3/4 auf der Tempostufe 3/4 p. Der dritte Satz, der die Tempovorschrift, die Taktvorzeichnung und die Tempostufe des ersten Satzes wiederholt, ist durch seine Besetzung hervorgehoben; sie wird durch die Beischrift *Cembalo Solo* ausdrücklich benannt. Der vierte Satz bietet unter *adagio* die Taktvorzeichnung C und die Tempostufe 3/4 p, der fünfte Satz unter *allegro* einen 6/8-Takt der Tempostufe 3 p.

Die beiden äußeren Sätze sind durch die gemeinsame Tempovorschrift aufeinander bezogen, dabei durch die Taktvorzeichnung und die Tempostufe differenziert; der letzte Satz bietet die verdoppelte Tempostufe des ersten, allerdings bezogen auf den halbierten Notenwert. Die nach innen anschließenden langsamen Sätze, der zweite und der vorletzte, sind beide durch die Tempostufe aufeinander bezogen, aber durch die Tempovorschrift und die Taktvorzeichnung differenziert. Der dritte Satz, der zwischen diesen beiden Sätzen in der Mitte steht, ist in Tempovorschrift, Taktart und Tempostufe dem ersten gleich. Die fremde Besetzungsstruktur für das Tasteninstrument allein, die die Violine ausspart, markiert seine besondere Funktion; er bildet die Symmetrieachse für die auf seinen beiden Seiten nach außen anschließenden langsamen und schnellen Sätze.

Am deutlichsten kommt die axialsymmetrische Struktur in der Beziehung der Dauern der Sätze zum Vorschein. Die beiden Außensätze umfassen jeweils anderthalb große Einheiten, die beiden langsamen Sätze jeweils eine halbe große Einheit, der zentrale Satz eine große Einheit. Folglich beläuft sich die ganze Fassung der fünf Sätze auf fünf große Einheiten, die sich allerdings nicht zu gleichen Teilen auf die fünf Sätze verteilen; die zugewiesenen Dauern sind vielmehr zur Verdeutlichung der axialsymmetrischen Struktur in den ersten und letzten, den zweiten und vorletzten, schließlich in den zentralen Satz differenziert. Jeder der fünf Sätze ist um eine kleine Einheit vermehrt. Die Summe der fünf großen Einheiten beläuft sich auf 180 Normaltakte oder 12'30". Die Addition der fünf kleinen Einheiten erweitert diese Summe um 30 Normaltakte oder 2'05".

Die strukturelle Summe von 12'30" entspricht der mittleren Dauer einer Sonate. Auf diese Weise übersteigt diese endgültige Fassung der sechsten Sonate die ihr nach der Anlage des Werks zustehende Dauer von vier großen Einheiten oder 10'00" um eine große Einheit oder 2'30". Das erhöht die Dauer des Werks von 75'00" auf 77'30".

Die zweite Fassung umfasst ebenso wie die dritte Fassung, der sie vorausgeht, fünf Sätze. Sie lässt mit wünschenswerter Deutlichkeit erkennen, worin für Bach das Problem bestand. Der Satz, der hier in die zentrale Mittelposition rückt, zeigt zwar nicht im strengen Sinn eine andere Besetzung; denn er wird von der Violine und dem Cembalo ausgeführt. Aber er bietet insofern eine andere innere Struktur, als das Verhältnis der Stimmen des Tonsatzes von der Vorlage, auf die er zurückgeht, nämlich der Arie einer Kantate für konzertierende Violine, Sopran und Streicher, bestimmt ist; sie steht in einer Beziehung zu BWV 120a/3 und 120/4 (NBA I/33 und I/32.2, dazu Rempp, S. 179–181). Dieser Ariensatz, dessen Text getilgt worden war, stammte aus einem anderen

Zusammenhang. Aufgrund seiner Herkunft erfüllte er die Anforderungen der zentralen axialsymmetrischen Position anscheinend nur ungenügend. Deshalb ersetzte Bach diesen Satz in der dritten Fassung durch einen Satz, den er eigens für die Position komponiert hatte. So ist die Annahme erlaubt, dass diese Spezialanfertigung der Aufgabe, die zu erfüllen war, genügte. Das Solostück für Cembalo macht ja auch sogleich durch eine andere und auffällige Besetzung auf sich aufmerksam.

SONATE VI FÜR VIOLINE UND CEMBALO IN G-DUR ZWEITE FASSUNG (BWV 1019a) QUELLEN C, D (GERBER) = QUELLEN E 1, E 2 (WOLLNY)						
Nr.	Tempo-bezeich-nung	Takt-art	Tempo-stufe	Taktzahl, umgerechnet auf C $\quarternote$ = p	Struktu-relle Interpre-tation	Dauer
1	presto	C	$\quarternote$ = 3/2 p	91:3x2=60,67	54+6	3'45"+0'25"
2	largo	3/4	$\quarternote$ = 3/4 p	21	18	1'15"
3	canta-bile, ma un poco adagio	6/8	$\eighthnote$ = 3/2 p	88	72+18	5'00"+1'15"
4	adagio	C	$\quarternote$ = 3/4 p	17:3x4=22,67	18	1'15"
5	presto	C	$\quarternote$ = 3/2 p	91:3x2=60,67	54+6	3'45"+0'25"
				253,01	216+30	15'00"+2'05"

Außerdem zeigt der *cantabile, ma un poco adagio* überschriebene Satz im 6/8-Takt der Tempostufe 3/2 p, bezogen auf das Achtel (was der Tempostufe 1/2 p, bezogen auf das punktierte Viertel entspricht) gegenüber dem Solo für Cembalo, das ihn ersetzt, die doppelte Dauer von zwei großen Einheiten. Diesem nach seiner Dauer, aber auch affektiv dominanten Satz gehen die beiden gleichen Sätze voraus wie dem Mittelstück der dritten Fassung. Der erste Satz, hier mit der Tempobezeichnung *presto* versehen, unter der Vorzeichnung C und der Tempostufe 3/2 p und der, wie auch später, *largo* überschriebene Satz mit der Vorzeichnung 3/4 und der Tempostufe 3/4 p, beide bezogen auf das Viertel, stimmen hier und in der dritten Fassung überein, und sie tun das, wie noch zu zeigen ist, auch in der ersten Fassung. Bach empfand die beiden Sätze, vor allem wohl den ersten, als den passenden Anfang einer axialsymmetrischen Form. Taktart, Tempostufe und Dauer der beiden Sätze boten die Voraussetzung, von der aus jede Lösung zu entwerfen war; auf diesen Anfang hatte sich jede der drei Fassungen zu beziehen. Bach experimentierte damit, wie, von hier ausgehend, eine axialsymmetrische Form organisiert werden konnte.

Auf den zentralen Satz folgen, wie dann auch in der dritten Fassung, zwei Sätze, die indessen in der dritten Fassung neu komponiert wurden, hier jedoch beide schon bekannt sind. Der vierte Satz hatte bereits in der ersten Fassung seinen Platz; er ist *adagio* überschrieben und steht wie der zweite Satz auf der Tempostufe 3/4 p, bezogen auf das Viertel, ist aber gegenüber dessen ungerader Taktart 3/4 durch die gerade Taktart C variiert. Der letzte, fünfte Satz schließlich bestand in einer Wiederholung des ersten Satzes. Der Wiederholungsvermerk fehlt zwar in einer der beiden Quellen und ist in der anderen nachgetragen. Das veranlasste Rempp dazu, ihn als unauthentisch und die zweite Fassung als „Fragment von vier Sätzen" zu betrachten (S. 171). Jedoch stammt nach Wollny dieser Wiederholungsvermerk von Johann Philipp Kirnberger (NBA[rev] 3, S. 253), was ihm eine gewisse Glaubwürdigkeit verleiht. Demnach könnten in der zweiten Fassung, wie auch in der ersten, der erste Satz und seine Wiederholung als fünfter Satz den äußeren Rahmen bilden.

Offensichtlich war Bach damals der Ansicht, dass nur die Identität des ersten und letzten Satzes die axialsymmetrische Anlage eindeutig klarstellte. Diese Klarstellung wurde durch die Organisation der Dauern unterstützt. Den zentralen Satz mit zwei großen Einheiten umrahmen die beiden langsamen Sätze mit je einer halben großen Einheit, diese wiederum der erste Satz und seine Wiederholung als letzter Satz mit je anderthalb großen Einheiten. Das ergibt zusammen sechs große Einheiten, nämlich 216 Normaltakte oder 15'00". Diese strukturelle Dauer wurde um je eine kleine Einheit im äußeren Rahmen und drei kleine Einheiten beim zentralen Satz vermehrt. Diese Addition führte zusammen auf fünf kleine Einheiten, nämlich auf 30 Normaltakte oder 2'05".

Die zweite Fassung besteht vollständig aus bereits früher komponierten Sätzen. Der erste und der zweite, aber auch der vierte waren aus der ersten Fassung bekannt, der fünfte bot eine Wiederholung innerhalb der Fassung und der mittlere dritte stammte aus dem anderen Zusammenhang einer Arie. Dieses zusammengesetzte Wesen konnte letztlich nicht befriedigen. So übernahm Bach in der dritten Fassung zwar den gesetzten Ausgangspunkt der beiden ersten Sätze, komponierte aber die folgenden drei Sätze, das Solo des Cembalos, das anschließende Adagio und den letzten Satz neu. Er nahm von der Wiederholung des ersten Satzes Abschied und ließ sich anstelle der Identität an dem allgemeinen Pendant eines schnellen Satzes anderer Taktart genügen, dessen Thema an den Continuo der Arie einer weltlichen Kantate anklang (BWV 202/3, NBA I/40). Offenkundig war ihm im Lauf der Arbeit an dieser Sonate klar geworden, dass nur durch die Neukomposition der auf den Ausgangspunkt folgenden Sätze das Problem der axialsymmetrischen Form gelöst werden konnte.

SONATE VI FÜR VIOLINE UND CEMBALO IN G-DUR ERSTE FASSUNG (BWV 1019b) QUELLE E (GERBER) = QUELLE A (WOLLNY)						
Nr.	Tempobezeichnung	Taktart	Tempostufe	Taktzahl, umgerechnet auf C ♩ = p	Strukturelle Interpretation	Dauer
1	vivace	C	♩ = 3/2 p	91:3x2=60,67	54+6	3'45"+0'25"
2	largo	3/4	♩ = 3/4 p	21	18	1'15"
3		3/8	♪ = 2 p	116:8x3=43,5	36+6	2'30"+0'25"
4	adagio	C	♩ = 3/4 p	17:3x4=22,67	36−12	2'30"−0'50"
5		2	𝅗𝅥 = p	32:2=16	18	1'15"
6	vivace	C	♩ = 3/2 p	91:3x2=60,67	54+6	3'45"+0'25"
				224,51	216+6	15'00"+0'25"

Die Lösung, die die dritte Fassung bietet, ist weit entfernt von dem Beginn, den die erste Fassung bietet. Sie besteht aus sechs Sätzen. Auf den gesetzten Ausgangspunkt, den ersten Satz, der hier die Bezeichnung *vivace* trägt, und den zweiten, *largo* überschriebenen Satz, folgt ein unbezeichneter Satz, hierauf ein *adagio* überschriebener und noch einmal ein unbezeichneter Satz, worauf die Wiederholung des ersten Satzes die Fassung beschließt. Diese Anlage bedarf mehrerer Bemerkungen. Sie betreffen die Bezeichnung des ersten Satzes, die sich wandelnde Gestalt des zweiten Satzes, die beiden unbezeichneten Sätze, also den dritten und fünften Satz, die Anlage der ganzen Satzfolge und die Beteiligung Johann Sebastian Bachs an der Niederschrift der einzigen Quelle.

Der erste und der zweite Satz stimmen substanziell in allen drei Fassungen überein. In der ersten Fassung trägt der erste Satz die Bezeichnung *vivace*, wird aber in der Anweisung zur Wiederholung dieses Satzes am Schluss *presto* benannt. Beide Benennungen sind, ebenso wie zwei Triller und der Notentext der Sätze drei, vier und fünf, autograf eingetragen (NBA[rev] 3, S. 251) und dadurch als authentisch bezeugt. In der zweiten Fassung erhält der Satz die in der Wiederholungsanweisung der ersten Fassung eingeführte Benennung *presto*, in der dritten Fassung die Bezeichnung *allegro*. Die unterschiedlichen Bezeichnungen des Satzes in den drei Fassungen, *vivace, presto* und *allegro*, könnten darauf hindeuten, dass diese drei Bezeichnungen hinsichtlich der Tempostufe (und nur darauf bezieht sich die Überlegung) keinen Unterschied beinhalten.

Der zweite, *largo* überschriebene Satz, tritt zwar in allen drei Fassungen auf, ist aber von Fassung zu Fassung reicher ausgearbeitet. In der ersten Fassung bewegt sich der Bass des Cembalos in Vierteln, die in der zweiten Fassung zu Achteln diminuiert sind; Hans Eppstein stellt die ersten zehn Takte dieser beiden Fassungen übereinander (*Zur Problematik*, S. 240). In der dritten Fassung ist teilweise zwischen die beiden Stimmen des Cembalos eine dritte Stimme eingefügt, wodurch die Struktur des Satzes, die sich einschließlich der Violine als Trio darstellt, aufgegeben wird. Diese Entwicklung des Satzes ist übrigens ein durchschlagendes Argument für die chronologische Aufeinanderfolge der drei Fassungen.

Die beiden unbezeichneten Sätze mit der Taktvorzeichnung 3/8 und 2 kehren in den beiden Versionen der Partita VI (BWV 830) wieder, die im Klavierbüchlein für Anna Magdalena Bach von 1725 und im Druck überliefert sind. Von diesen beiden Sätzen ist in der einzigen Quelle der Fassung nur die Stimme des Cembalos überliefert, in die die Sätze autograf eingetragen sind. So ist der dritte Satz, der mit dem als *Corrente* bezeichneten Satz der Partita übereinstimmt und für das Cembalo allein gilt, vollständig überliefert. Vom fünften Satz dagegen, der mit dem als *Tempo di Gavotta* bezeichneten Satz der Partita übereinstimmt und als Solo der Violine mit Begleitung des Basses gilt, ist nur der Bass überliefert; die Stimme der Violine kann jedoch aus der Fassung der Partita weitgehend ergänzt werden.

Die Abhängigkeit der drei Versionen der unbezeichneten Sätze lässt sich textkritisch eindeutig klären. Dies ist vor allem am Bass von *Tempo di Gavotta* möglich. Denn bei Abweichungen geht meistens der Druck der Partita mit dem Klavierbüchlein für Anna Magdalena Bach zusammen, während die Sonate für sich steht. Wo aber die Partita eine eigene Lesart bietet, gehen das Klavierbüchlein und die Sonate zusammen. Nie aber zeigen die Sonate und der Druck der Partita eine gemeinsame Lesart, von der das Klavierbüchlein abweicht. An den beiden Stellen, an denen für die Dauer einer Taktzeit alle drei Fassungen eigene Wege einschlagen (T. 25 und 28, jeweils zweites Viertel), ändert der Druck der Partita ein weiteres Mal gegenüber dem Klavierbüchlein. Demnach geht das Klavierbüchlein auf die von der Sonate überlieferte Lesart, der Druck der Partita auf die im Klavierbüchlein überlieferte Lesart zurück.

Hans Eppstein hat für diesen fünften Satz die in der Überlieferung fehlende Stimme der Violine rekonstruiert und dabei die Abweichungen des Basses grafisch markiert (*Zur Problematik*, S. 241f., auch S. 237). Trotzdem scheint es mir sinnvoll, die drei Lesarten des Basses übereinanderzustellen, so ihr gegenseitiges Verhältnis zu veranschaulichen und für eine Kontrolle verfügbar zu machen (unten, S. 100–102). Im Notenbeispiel wurde mit Rücksicht auf den Vergleich die erste Fassung der Sonate von g-Moll eine kleine Terz tiefer nach e-Moll in die Tonart der Partita transponiert. Eine in einigen Einzelheiten abweichende Rekonstruktion der Stimme der Violine gibt Peter Wollny (in NBA[rev] 3).

Die Corrente zeigt bei den selteneren und geringfügigen Abweichungen entsprechende Verhältnisse, allerdings mit einer Ausnahme. Im zweiten Zweiunddreißigstel von Takt 102 des Diskants bieten die Sonate und der Druck der Partita d" gegenüber e" des Klavierbüchleins; jedoch scheint in diesem einzigen Fall ein Versehen im Text des Klavierbüchleins vorzuliegen. Außerdem weichen im Bass des dritten Achtels von Takt 56 und des ersten Achtels von Takt 57 alle drei Versionen voneinander ab; die Lesart der Sonate mit fis und a und die Lesart des Klavierbüchleins mit a und fis liegen jedoch näher beieinander als die Lesart des Drucks der Partita mit dis' und fis', zumal in den nächsten beiden Achteln wieder eines der beiden üblichen Verhältnisse, nämlich die Sonate und das Klavierbüchlein gegenüber dem Druck der Partita, vorliegt. Auch die Differenz des Erniedrigungszeichens, das im Bass des letzten Achtels von Takt 62 in der Sonate und dem Druck der Partita vorhanden ist und im Klavierbüchlein fehlt, im Bass des zweiten Achtels von Takt 64 in der Sonate fehlt und im Klavierbüchlein und dem Druck der Partita vorhanden ist, kann, da sie ein Akzidens betrifft, nicht ausschlaggebend sein.

Demnach sind die beiden Sätze am frühesten in der ersten Fassung der Sonate überliefert worden, also ursprünglich für die Sonate bestimmt gewesen; von dort gelangten sie dann in die beiden Versionen der Partita, zunächst ins Klavierbüchlein für Anna Magdalena Bach, dann in den Druck der Partiten. Das ist von erheblicher Bedeutung. Denn es macht verständlich, warum die beiden Sätze für die Satztypen der Corrente und der Gavotte hinsichtlich der Tempostufe eine Ausnahme darstellen. Die retardierte Tempostufe 2 p der Corrente, bezogen auf das Achtel, die angesichts der Zweiunddreißigstel und der Synkopen gegenüber der üblichen Tempostufe 3 p zurückgenommen ist, und die retardierte Tempostufe p der Gavotte, bezogen auf die Halbe, die ebenfalls angesichts der Satzfaktur gegenüber der üblichen Tempostufe 3/2 p zurückgenommen ist, erklären sich durch diese andere Herkunft der beiden Sätze zwanglos. Sie sind gar nicht als die Tanzsätze, unter deren Bezeichnung sie später laufen, sondern als Sätze einer Sonate komponiert worden. Die Aufnahme in eine Suite als deren Tanzsätze erfolgte erst nachträglich, als sie in der Sonate aufgrund von deren Entwicklung entbehrlich geworden waren. Merkmale des ursprünglichen Zusammenhangs ihrer Entstehung tragen sie aber weiterhin an sich (vgl. Bd. 4, S. 25, 28f., 41f.).

Die Anlage der Satzfolge ist vor allem dadurch charakterisiert, dass die Achse der axialsymmetrischen Konstruktion nicht durch einen komponierten Satz greifbar repräsentiert wird, sondern nur als zwischen zwei Sätzen liegend vorgestellt werden kann. Das steht damit in Zusammenhang, dass diese Fassung aus sechs, also einer geraden Anzahl von Sätzen besteht. Den äußeren Rahmen bildet der erste Satz, der als letzter Satz wiederholt wird. Dazwischen befinden sich zwei Satzpaare, die aus einem langsamen Satz und einem der später in den

Partiten verwendeten Sätze bestehen. Das erste Paar beginnt mit dem *largo* überschriebenen Satz, der wie der erste Satz durch alle drei Fassungen hindurch beibehalten wird; ihm ist der Satz beigesellt, der später die Corrente abgibt. Daran schließt ein Adagio an, das auch in der zweiten Fassung noch verwendet, dann aber ausgeschieden wird; ihm ist der Satz beigesellt, der später die Gavotte abgibt. Die Symmetrieachse der axialsymmetrischen Konstruktion verläuft zwischen dem ersten und dem zweiten Paar.

Die Sätze drei bis fünf samt dem Wiederholungsvermerk für Satz sechs sind von Johann Sebastian Bach autograf in die einzige Quelle eingetragen, die von der ersten Fassung nur die Stimme des Cembalos überliefert. Daraus könnte geschlossen werden, dass die ersten beiden Sätze, die sich durch alle drei Fassungen erhalten haben, die Initialzündung für das Experiment darstellten, dass aber vielleicht der überlieferten Fassung bereits eine ältere Fassung vorausging, von der sich keine Spur erhalten hat (vgl. Schulze, *Studien zur Bach-Überlieferung*, besonders S. 119).

Der erste Satz und seine Wiederholung als letzter Satz zeigen unter der Tempovorschrift *vivace* die Taktvorzeichnung C und die Tempostufe 3/2 p, bezogen auf das Viertel. In den beiden Paaren unterstehen die ersten, langsamen Sätze der Tempostufe 3/4 p, ebenfalls bezogen auf das Viertel, im ersten Paar unter der Tempovorschrift *largo* im ungeraden Takt unter 3/4, im zweiten Paar unter der Tempovorschrift *adagio* im geraden Takt unter C. Die unbezeichneten Sätze gehören, wie erwähnt, im ersten Paar der Taktart 3/8 und der Tempostufe 2 p, bezogen auf das Achtel, im zweiten Paar unter der Vorzeichnung 2 dem Takt zu zwei Halben an, auf die sich die Tempostufe p bezieht.

Die erste Fassung umfasst viermal die Dauer von anderthalb großen Einheiten. Davon kommen auf den ersten und seine Wiederholung als letzter Satz zweimal anderthalb große Einheiten, die jeweils um eine kleine Einheit vermehrt sind. Das erste Paar umfasst für den langsamen Satz eine halbe und für den unbezeichneten Satz eine ganze, zusammen also anderthalb große Einheiten, das zweite Paar umgekehrt für den langsamen Satz eine ganze und für den unbezeichneten Satz eine halbe, zusammen ebenfalls anderthalb große Einheiten. Im ersten Paar ist der zweite Satz um eine kleine Einheit vermehrt, im zweiten Paar der erste Satz um zwei kleine Einheiten vermindert. Insgesamt ergibt das für die erste Fassung sechs große Einheiten, nämlich 216 Normaltakte oder 15'00", die um eine kleine Einheit, nämlich 6 Normaltakte oder 0'25" vermehrt sind. Die erste und die zweite Fassung zeigen also die gleiche strukturelle Dauer.

Die erste Fassung bediente sich einer nur vorgestellten, imaginären Symmetrieachse. Diese Lösung gab Bach alsbald auf, schloss sich aber mit der zweiten Fassung eng an die erste an. Er übernahm den ersten, schnellen Satz und seine Wiederholung am Schluss, außerdem von den beiden Paaren jeweils den langsamen Satz und fügte in der Mitte den von einer Arie abstammenden Satz als Symmetrieachse ein. Die beiden unbezeichneten Sätze der ersten Fassung wurden als überflüssig ausgeschieden und, trotz ihrer Herkunft aus einer Sonate, in die an zweiter Stelle im Klavierbüchlein für Anna Magdalena Bach von 1725 stehende Partita aufgenommen.

Jedoch kam Bach zu der Einsicht, dass eine Zusammenstellung bereits vorhandener Sätze unbefriedigend bleiben musste, und entschloss sich deshalb, sein Vorgehen radikal zu ändern. Er behielt zwar den Ausgangpunkt des ersten und zweiten Satzes bei, erneuerte aber den zweiten Satz durch die gelegentliche Einfügung einer dritten Stimme in den Satz des Cembalos nachhaltig. Die drei folgenden Sätze komponierte er neu. Den zentralen Satz übergab er dem Cembalo allein und markierte ihn damit deutlich als Symmetrieachse. Darauf lies er als gegenläufige Entsprechung der ersten beiden Sätze einen langsamen und einen schnellen Satz folgen. Der langsame, *adagio* überschriebene Satz, der in der ersten Fassung an drittletzter, in der zweiten Fassung an vorletzter Stelle gestanden hatte, ging dabei verloren. Der Entschluss zur Neukomposition ergab eine stimmige Lösung der axialsymmetrischen Anlage einer Satzfolge. Die drei Fassungen vermitteln einen Einblick in den Weg, den Bach beschritt, in die Überlegungen, die ihn dabei leiteten. Darin liegt die singuläre Bedeutung der sechsten Sonate und ihrer drei Fassungen.

Satz 5 der ersten Fassung (A)   im Vergleich mit dem Klavierbüchlein

für Anna Magdalena Bach von 1725 (B)   und dem Druck der Partiten (C)

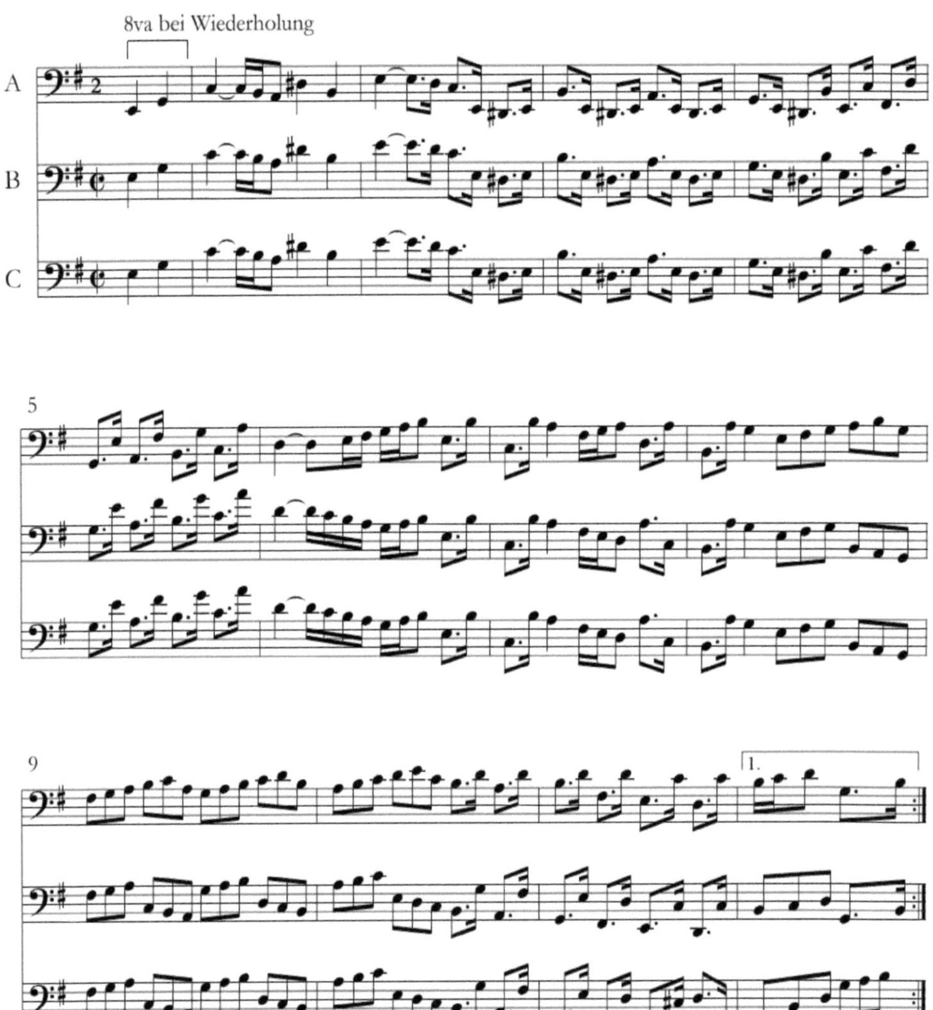

Einzelne Sonaten

Zwei Sonaten für Viola da gamba und Cembalo

Die formale Anlage der zwei viersätzigen Sonaten für Viola da gamba und
Cembalo in G-Dur (BWV 1027) und D-Dur (BWW 1028) ist miteinander verwandt, wenn ihre beiden Hälften übers Kreuz vertauscht betrachtet werden.[26]
Die Sonate G-Dur verfügt im ersten und zweiten Satz jeweils über anderthalb,
zusammen drei große Einheiten, der in der Sonate D-Dur im dritten Satz eine
und im vierten Satz zwei, zusammen ebenfalls drei große Einheiten, gegenüberstehen. Umgekehrt verfügt die Sonate G-Dur im dritten und vierten Satz
über je eine große Einheit, der in der Sonate D-Dur im ersten und zweiten Satz
ebenfalls je ein gleicher Wert gegenübersteht, der hier allerdings nur die Hälfte,
nämlich je eine halbe große Einheit umfasst. So beläuft sich die Sonate G-Dur
auf fünf große Einheiten, nämlich 180 Normaltakte oder 12'30", denen die
Sonate D-Dur nur vier große Einheiten, nämlich 144 Normaltakte oder 10'00",
gegenüberstellt. In der zweiten Hälfte der Sonate G-Dur ist der dritte Satz um
zwei kleine Einheiten von zusammen 12 Normaltakten oder 0'50" vermindert,
der vierte Satz ausgleichend um diesen Betrag vermehrt. In der Sonate D-Dur
sind die beiden Sätze der ersten Hälfte um je eine kleine Einheit vermehrt, in
der zweiten Hälfte dagegen nur ein Satz, nämlich der vierte, um eine kleine
Einheit vermindert. So bleibt hier, aufs Ganze gesehen, die Vermehrung um
eine kleine Einheit von sechs Normaltakten oder 0'25" übrig.

---

[26] Die Sonaten für Viola da gamba und Cembalo sind herausgegeben von Hans Eppstein in
NBA VI/4 (1984, KB 1989). Vgl., zusammenfassend und weiterführend, Siegbert Rampe, in:
derselbe und Dominik Sackmann (Hrsg.), Bachs Orchester- und Kammermusik, Teilband 2:
Bachs Kammermusik, Laaber 2013 (Bach-Handbuch 5/2), S. 177–188. Die parallele Überlieferung der Sonate BWV 1027 als Sonate für zwei Flauti traversi und Continuo in G-Dur (BWV
1039) ist herausgegeben von Hans-Peter Schmitz in NBA VI/3 (1963, KB 1963); dazu Klaus
Hofmann in Bach-Handbuch 5/2, S. 33–36.

SONATE FÜR VIOLA DA GAMBA UND CEMBALO IN G-DUR (BWV 1027)						
Nr.	Tempo-bezeich-nung	Takt-art	Tempo-stufe	Taktzahl, umgerechnet auf C $\quarternote = p$	Struktu-relle Interpre-tation	Dauer
1	adagio	12/8	$\eighthnote = 3/2\ p$ ($\dottedquarternote = 1/2\ p$)	28x2=56	54	3'45"
2	allegro ma non tanto (ma non presto)	3/4	$\quarternote = 3/2\ p$	113:2=56,5	54	3'45"
3	andante (adagio)	C	$\quarternote = 3/4\ p$	18:3x4=24	36–12	2'30"–0'50"
4	allegro modera-to (presto, so auch a. corr.)	₵	$\halfnote = 3/2\ p$	142:3=47,33	36+12	2'30"+0'50"
				183,83	180	12'30"

SONATE FÜR VIOLA DA GAMBA UND CEMBALO IN D-DUR (BWV 1028)						
Nr.	Tempo-bezeich-nung	Takt-art	Tempo-stufe	Taktzahl, umgerechnet auf C $\quarternote = p$	Struktu-relle Interpre-tation	Dauer
1		3/4	$\quarternote = 3/4\ p$	23	18+6	1'15"+0'25"
2		2/4	$\quarternote = 3/2\ p$	80:3=26,67	18+6	1'15"+0'25"
3	andante	12/8	$\dottedquarternote = 3/4\ p$	29:3x4=38,67	36	2'30"
4	allegro	6/8	$\eighthnote = 3\ p$	125:2=62,5	72–6	5'00"–0'25"
				150,84	144+6	10'00"+0'25"

Die Tabelle für die Sonate G-Dur gibt deren Tempovorschriften zum Vergleich die Tempovorschriften der Parallelüberlieferung als Triosonate BWV 1039 in Klammern bei. Der erste Satz liest beide Male *adagio*; der zweite Satz fügt dem *allegro* in der Fassung für Gambe *ma non tanto*, in der Fassung des Trios *ma non presto* hinzu; den dritten Satz benennt die Fassung für Gambe *andante*, die Fassung des Trios *adagio*. Der vierte Satz trägt in der Fassung für Gambe die Bezeichnung *allegro moderato*, die allerdings in Korrektur steht und vorher *presto* lautete (vgl. NBA VI/4, S. VII und VIII, außerdem KB, S. 11f.); die Fassung des Trios bietet teils *presto*, teils *allegro* (NBA VI/3, KB, S. 54). Die Situation ist infolgedessen nicht eindeutig, könnte jedoch darauf hinweisen, dass hinsichtlich der Tempovorschriften das Trio auch im zweiten und vor allem im dritten Satz eine ältere Schicht überliefert. In jedem Fall signalisieren, soweit ich sehe, die Abweichungen der Tempovorschriften zwischen den beiden Fassungen keinen Unterschied der Tempostufen.

Der erste Satz der Sonate steht unter der Taktvorzeichnung 12/8 auf der Tempostufe 3/2 p, bezogen auf das Achtel, was der Tempostufe 1/2 p, bezogen auf das punktierte Viertel entspricht. Der zweite und der vierte Satz bieten beide die Tempostufe 3/2 p, im zweiten Satz unter der Vorzeichnung 3/4 bezogen auf das Viertel, im vierten Satz unter der Vorzeichnung ₵ im Takt zu zwei Halben bezogen auf diesen Notenwert. Dazwischen findet der langsame Satz unter der Vorzeichnung C mit der Tempostufe 3/4 p, bezogen auf das Viertel, Platz.

In der Sonate D-Dur sind der erste und der zweite Satz ohne Tempovorschrift geblieben; der dritte ist *andante*, der vierte *allegro* benannt. Die beiden langsamen Sätze stehen auf der Tempostufe 3/4 p, die im ersten Satz unter der Taktvorzeichnung 3/4 auf das Viertel, im dritten Satz unter der Taktvorzeichnung 12/8 auf das punktierte Viertel bezogen ist. Von den schnellen Sätzen bietet der zweite Satz unter der Taktvorzeichnung 2/4 die Tempostufe 3/2 p, bezogen auf das Viertel, der vierte unter der Taktvorzeichnung 6/8 die Tempostufe 3 p, bezogen auf das Achtel; wieder gehen die Verdoppelung der Tempostufe und die Halbierung des Bezugswerts Hand in Hand.

Zwei Sonaten für Flauto traverso und Continuo

Die Sonate für Flauto traverso und Continuo in e-Moll (BWV 1034) weist ihren vier Sätzen die Tempovorschriften *adagio ma non tanto, allegro, andante* und noch einmal *allegro* zu. Die beiden Sätze des ersten Paars der Folge langsam–schnell stehen im Takt zu vier Vierteln unter der Vorzeichnung C und ₵, die beiden Sätze des zweiten Paars dieser Folge im Takt zu drei Vierteln. Die Tempostufen beziehen sich stets auf das Viertel und lauten für die langsamen Sätze 3/4 p, für die schnellen Sätze 3/2 p. Die Sonate verfolgt demnach für die Zuweisung der Taktarten und Tempostufen an die vier Sätze einen konsequenten Grundsatz.

SONATE FÜR FLAUTO TRAVERSO UND CONTINUO IN e-MOLL (BWV 1034)						
Nr.	Tempo-bezeich-nung	Takt-art	Tempo-stufe	Taktzahl, umgerechnet auf C $\downarrow$ = p	Struktu-relle Interpre-tation	Dauer
1	adagio ma non tanto	C	$\downarrow$ = 3/4 p	30:3x4=40	36+6	2'30"+0'25"
2	allegro	¢	$\downarrow$ = 3/2 p	70:3x2=46,67	36+12	2'30"+0'50"
3	andante	3/4	$\downarrow$ = 3/4 p	55	72–18	5'00"–1'15"
4	allegro	3/4	$\downarrow$ = 3/2 p	88:2=44	36+6	2'30"+0'25"
				185,67	180+6	12'30"+0'25"

Der erste, zweite und vierte Satz erhalten je eine große Einheit; der dritte Satz fügt der einen eine zweite große Einheit hinzu. Allerdings vermehren die Sätze, die nur auf einer großen Einheit beruhen, diese Basis im ersten und letzten Satz um eine, im zweiten Satz um zwei kleine Einheiten, während der dritte Satz von seinen zwei großen Einheiten drei kleine Einheiten abzieht. So erstreckt sich die Sonate auf fünf große Einheiten, nämlich 180 Normaltakte oder 12'30", zu denen eine kleine Einheit, nämlich sechs Normaltakte oder 0'25", hinzutreten.

SONATE FÜR FLAUTO TRAVERSO UND CONTINUO IN E-DUR (BWV 1035)						
Nr.	Tempo-bezeich-nung	Takt-art	Tempo-stufe	Taktzahl, umgerechnet auf C $\downarrow$ = p	Struktu-relle Interpre-tation	Dauer in Teilen von 36 = 2'30"
1	adagio ma non tanto	C	$\downarrow$ = 3/4 p	20:3x4=26,67	18+9	1/2 + 1/4
2	allegro	2/4	$\downarrow$ = 3/2 p	80::3=26,67	18+9	1/2 + 1/4
3	Siciliano	6/8	$\downarrow$. = 3/4 p	28:3x2=18,67	18	1/2
4	allegro assai	3/4	$\downarrow$ = 3/2 p	54:2=27	18+9	1/2 + 1/4
				99,01	99 =72+27	2 + 3/4 = 6'52½"

Die Sonate für Flauto traverso und Continuo in E-Dur (BWV 1035) zeigt die gleichen Tempovorschriften wie die eben besprochene Sonate in e-Moll, ersetzt allerdings im dritten Satz *andante* durch *Siciliano* und fügt dem *allegro* des vierten Satzes *assai* hinzu. Auch hier stehen die beiden Sätze des ersten Paars langsam–schnell im geraden Takt unter der Vorzeichnung von C und 2/4; im zweiten Paar behält der vierte Satz die Vorzeichnung 3/4 bei, während das Siciliano verständlicherweise 6/8 wählt. Die Tempostufen sind gleich wie in der anderen Sonate verteilt, für die langsamen Sätze 3/4 p, im ersten Satz bezogen auf das Viertel, im triolierten Takt des dritten Satzes bezogen auf das punktierte Viertel, für die schnellen Sätze 3/2 p, bezogen auf das Viertel. Dem so unterschiedlichen Charakter der beiden Sonaten liegt eine ähnliche Basis der Taktarten und Tempostufen zugrunde, die zum Vergleich einlädt.[27]

Was aber fundamental differiert, ist die Organisation der Dauern, und zwar einerseits durch die einmalige Kürze der einzelnen Sätze und damit der gesamten Dauer, andererseits durch die einmalige Methode, mit der die Dauern der Basis erweitert werden. Jedem der vier Sätze liegt die Dauer einer halben großen Einheit zugrunde, sodass sich die strukturelle Dauer der Sonate auf zwei große Einheiten, nämlich 72 Normaltakte oder 5'00", beschränkt. Drei dieser Sätze, alle außer dem dritten, dem Siciliano, werden nun um eine kleine Einheit vermehrt. Diese Einheit beträgt aber nicht, wie sonst stets, den sechsten Teil einer großen Einheit oder sechs Normaltakte, sondern ihren vierten Teil oder neun Normaltakte. Auf diese Weise wird die strukturelle Dauer um dreimal ein Viertel einer großen Einheit vermehrt. Die gesamte Dauer erstreckt sich also auf 72+27 oder (8+3)9=99 Normaltakte.

Ein Viertel der Dauer einer großen Einheit von 36 Normaltakten oder 2'30" sind 37½" (oder, wie Bach vermutlich gesagt hätte, 37 Sekunden und 30 Tertien), drei Viertel demnach 1'52½", sodass sich die Dauer der gesamten Sonate auf 5'00"+1'52½" oder 6'52½" erstreckt. Was Bach zu dieser singulären und etwas extravaganten Lösung angeregt hat, muss offenbleiben. Sie ist dieser Sonate, ebenso wie ihre Kürze, als Kennmarke aufgeprägt.

Zwei außergewöhnliche Sonaten

Als außergewöhnlich sind hier zwei Sonaten zusammengefasst, die sonst wenig miteinander zu tun haben. Die Sonderstellung der Sonate für Flauto traverso

---

[27] Die beiden Sonaten für Flauto traverso und Continuo, wie auch die anschließend besprochene Sonate für Flauto traverso und Cembalo in h-Moll, sind herausgegeben von Hans-Peter Schmitz in NBA VI/3 (1963, KB 1963). Vgl. Siegbert Rampe in Bach-Handbuch 5/2, S. 84–89 und 133–139.

und Cembalo in h-Moll (BWV 1030) beruht auf der Folge ihrer Sätze, die in Bachs Schaffen einmalig ist, die Sonderstellung der Sonate für Flauto traverso, Violine und Continuo in c-Moll (BWV 1079/3) auf Bachs später Rückkehr zur Triosonate, die in deren Zugehörigkeit zum Musikalischen Opfer begründet ist.[28]

Der erste Satz der Sonate für Flauto traverso und Cembalo trägt die Tempovorschrift *andante* und steht unter der Taktvorzeichnung C auf der Tempostufe p, bezogen auf das Viertel. Er umfasst drei große Einheiten, die um zwei kleine Einheiten vermehrt sind, erstreckt sich also auf eine überlange Dauer; darin ist er dem ersten Satz der fünften Sonate für Violine und Cembalo in f-Moll (BWV 1018) verwandt. Anders aber als in jener Sonate, wo jeder der drei folgenden Sätze je eine große Einheit umfasst und sie zusammen die gleiche Dauer wie der erste Satz erreichen, beschränken sich hier diese drei Sätze zusammen auf zwei große Einheiten, stellen also dem ersten Satz nur zwei Drittel seiner Dauer gegenüber. Die beiden großen Einheiten kommen gemeinsam dem dritten und vierten Satz zugute. Davon werden zwei kleine Einheiten abgezogen, die die Vermehrung des ersten Satzes um diesen Betrag ausgleichen. Der zweite, langsame Satz besteht aus einer freien Addition von zwei kleinen Einheiten, die zu den fünf großen Einheiten hinzutreten.

SONATE FÜR FLAUTO TRAVERSO UND CEMBALO IN h-MOLL (BWV 1030)					
Nr.	Tempobezeichnung	Taktart	Tempostufe	Taktzahl, umgerechnet auf C ♩ = p	Strukturelle Interpretation	Dauer
1	andante	C	♩ = p	119	108+12	7'30"+0'50"
2	largo	6/8	♪ = 3/2 p (♩. = 1/2 p)	16	0+12	0'00"+0'50"
3	presto	₵	♩ = 3/2 p	83:3=27,67		
4		12/16	♪. = 2 p	64:2=32	72–12	5'00"–0'50"
				194,67	180+12	12'30"+0'50"

Der zweite Satz steht unter der Vorschrift *largo* in einem triolierten Takt zu 6/8; seine Tempostufe lautet 3/2 p, bezogen auf das Achtel, was der Tempostufe 1/2 p, bezogen auf den übergeordneten Wert des punktierten Viertels, entspricht. Der dritte Satz folgt unter der Vorschrift *presto* und der Vorzeich-

---

[28] Die Sonate ist innerhalb des Musikalischen Opfers herausgegeben von Christoph Wolff in NBA VIII/1 (1974, KB 1976).

nung $\mathbb{C}$ in einem Takt zu zwei Halben mit der Tempostufe 3/2 p, bezogen auf die Taktzeit. Der vierte Satz schließt ohne Benennung unter der Vorzeichnung 12/16 auf der Tempostufe 2 p, bezogen auf die Taktzeit des punktierten Achtels, an.

Im Übergang vom ersten zum zweiten Satz bleibt die Tempostufe erhalten. Ihr halbierter Wert 1/2 p bezieht sich im ersten Satz auf den verdoppelten Wert der halben Note, im zweiten Satz auf den übergeordneten Wert des punktierten Viertels. Auch im Übergang vom dritten zum vierten Satz findet eine Gleichsetzung statt, die hier die Notenwerte betrifft; denn ein Achtel des dritten Satzes ist gleich einem Sechzehntel des vierten Satzes. Im Übergang zwischen den beiden Sätzen wird also die Gruppe von vier Achteln, die auf eine Taktzeit des Takts zu zwei Halben entfällt, um den Wert eines Achtels gekürzt, sodass nun, einen Notenwert kleiner notiert, die Gruppe von drei Sechzehnteln eine Taktzeit ergibt. Diese Verkürzung der Taktzeit von vier auf drei der gleichbleibenden Unterteilungswerte wirkt sich als Beschleunigung aus, obwohl der Bewegungsgrad gleich bleibt. Denn vier Achtel der Tempostufe 3/2 p ergeben ebenso wie drei Sechzehntel der Tempostufe 2 p den Bewegungsgrad 6 p, da viermal 3/2 gleich dreimal 2 ist. Infolge dieser Gleichsetzungen sind die vier Sätze zu zwei Paaren zusammengefasst.

Der erste Satz mit der strukturellen Dauer von drei großen Einheiten oder 108 Normaltakten führt zusammen mit der strukturellen Dauer von zwei großen Einheiten oder 72 Normaltakten des dritten und vierten Satzes auf die Summe von 180 Normaltakten oder 12'30". Die zwei kleinen Einheiten, die im ersten Satz hinzutreten, werden im dritten und vierten Satz ausgeglichen. Jedoch vermehrt sich die strukturelle Summe um die freie Addition des zweiten Satzes, die zwei kleine Einheiten, nämlich 12 Normaltakte oder 0'50", beträgt.

Die Triosonate für Flauto traverso, Violine und Continuo in c-Moll über das königliche Thema (BWV 1079/3) präsentiert eine souverän ausgewogene Disposition. Sie ordnet die vier Sätze in zwei Paare, in denen jeweils der zweite, schnelle Satz die doppelte strukturelle Dauer des ersten, langsamen Satzes erreicht. Im ersten Paar steht der langsame Satz unter der Tempovorschrift *largo* im ungeraden 3/4-Takt, der schnelle Satz unter der Vorschrift *allegro* im geraden 2/4-Takt. Im zweiten Paar steht umgekehrt der langsame Satz unter der Vorschrift *andante* mit der Vorzeichnung C im geraden Takt zu vier Vierteln, der schnelle Satz unter der Vorschrift *allegro* im 6/8-Takt, in dem die Triolierung die Gliederung in ungerade Dreiergruppen übernimmt. Die langsamen ersten Sätze jedes Paars gehören der Tempostufe 3/4 p, bezogen auf das Viertel, die schnellen zweiten Sätze im ersten Paar der Tempostufe 3/2 p, bezogen auf das Viertel, im zweiten Paar der Tempostufe 3 p, bezogen auf das Achtel, wobei die Verdoppelung der Tempostufe die Halbierung des Bezugwerts balanciert.

SONATE FÜR FLAUTO TRAVERSO, VIOLINE UND CONTINUO IN c-MOLL (BWV 1079/3)						
Nr.	Tempo-bezeich-nung	Takt-art	Tempo-stufe	Taktzahl, umgerechnet auf C $\quarternote = p$	Struktu-relle Interpre-tation	Dauer
1	largo	3/4	$\quarternote = 3/4\ p$	48	36+12	2'30"+0'50"
2	allegro	2/4	$\quarternote = 3/2\ p$	249:3=83	72+12	5'00"+0'50"
3	andante	C	$\quarternote = 3/4\ p$	30:3x4=40	36+6	2'30"+0'25"
4	allegro	6/8	$\eighthnote = 3\ p$	113:2=56,5	72–18	5'00"–1'15"
				227,5	216+12	15'00"+0'50"

Die langsamen ersten Sätze jedes Paars umfassen jeweils eine große Einheit, die schnellen zweiten Sätze zwei große Einheiten. Das ergibt für jedes Paar drei, insgesamt sechs große Einheiten. Nur die kleinen Einheiten, die der kompositorischen Ausarbeitung den erforderlichen Freiraum gewähren, sind unregelmäßig verteilt. Im ersten Paar sind beide Sätze um je zwei kleine Einheiten erweitert, im zweiten Paar der langsame Satz um eine kleine Einheit vermehrt, der schnelle Satz um drei kleine Einheiten vermindert. Für die Addition der Summe bleiben folglich zwei kleine Einheiten übrig.

Die sechs großen Einheiten summieren sich auf 216 Normaltakte oder 15'00", die um die 12 Normaltakte oder 0'50" der kleinen Einheiten erweitert werden. Mit der strukturellen Dauer von 15'00" erreicht die Sonate die obere, überhaupt nur einmal überschrittene Grenze der Dauer einer Sonate.

Übersicht

Obwohl es sich hier um viersätzige Sonaten handelt, die hinsichtlich ihrer Überlieferung nicht in einem Zusammenhang stehen, fasse ich die strukturellen Dauern der Satzfolgen und ihrer Sätze in einer Übersicht zusammen. Die Sonaten verwirklichen Mannigfaltigkeit. Auch wo sie der gleichen äußeren Dauer angehören, sind sie intern, von Satz zu Satz, unterschiedlich angelegt.

In der ersten der beiden Sonaten für Viola da gamba und Cembalo in G-Dur umfassen die beiden Sätze der ersten Hälfte je anderthalb große Einheiten, die beiden Sätze der zweiten Hälfte je eine große Einheit, die vier Sätze der Sonate insgesamt fünf große Einheiten, in der zweiten der beiden Sonaten in D-Dur die beiden Sätze der ersten Hälfte je eine halbe große Einheit, in der zweiten Hälfte der dritte Satz eine und der vierte Satz zwei große Einheiten, die vier Sätze der Sonate insgesamt vier große Einheiten. Von den beiden Sonaten für Flauto traverso und Continuo bietet die erste in e-Moll im dritten Satz zwei große Einheiten, in den anderen Sätzen je eine große Einheit, insgesamt also fünf große Einheiten. Die zweite dieser Sonaten in E-Dur teilt jedem ihrer Sätze den gleichen Wert von je einer halben großen Einheit zu; das ergibt die geringe Summe von zwei großen Einheiten. In der letzten Zweiergruppe, in der zwei außergewöhnliche Sonaten nebeneinander stehen, bietet die Sonate für Flauto traverso und Cembalo in h-Moll für den ersten Satz die überlange Dauer von drei großen Einheiten; der dritte und der vierte Satz erreichen gemeinsam zwei große Einheiten, während der zweite Satz auf einer freien Addition beruht und folglich im Schema ohne Wert erscheint. Insgesamt beläuft sich die Sonate demnach auf fünf große Einheiten. Die letzte Sonate für Flauto traverso, Violine und Continuo in c-Moll lässt in den beiden Paaren des langsamen und des schnellen Satzes jeder ihrer Hälften jeweils eine und zwei große Einheiten aufeinanderfolgen, was für die Sonate insgesamt sechs große Einheiten ergibt.

DIE STRUKTURELLEN DAUERN DER EINZELNEN SONATEN UND IHRER SÄTZE IN NORMALTAKTEN						
Besetzung	Gambe und Cembalo	Gambe und Cembalo	Flöte und Continuo	Flöte und Continuo	Flöte und Cembalo	Flöte, Violine, Continuo
Tonart	G-Dur	D-Dur	e-Moll	E-Dur	h-Moll	c-Moll
BWV	1027	1028	1034	1035	1030	1079/3
1. Satz	1½	½	1	½	3	1
2. Satz	1½	½	1	½	0	2
3. Satz	1	1	2	½		1
4. Satz	1	2	1	½	2	2
Summen	5	4	5	2	5	6
Dauer	12'30"	10'00"	12'30"	5'00"	12'30"	15'00"

Diese letzte der einzelnen Sonaten dauert 15'00" und erreicht die obere Grenze der für die Sonaten überhaupt gesetzten Dauer, die nur ein einziges Mal von der dritten Sonate für Violine und Cembalo in E-Dur (BWV 1016) überschritten wird. Die Sonate für Flöte, Violine und Continuo von der Dauer von 15'00" ist Teil des Musikalischen Opfers und für Friedrich II., König in Preußen, bestimmt. Einen Kontrast bildet die kürzeste Sonate, deren Dauer nur ein Drittel der königlichen Sonate, nämlich 5'00" beträgt und die unter den unbezweifelt authentischen Satzfolgen das einzige Exemplar einer Sonate dieser Kürze darstellt; zudem ist ihre Besetzung auf eine Flöte mit Continuo reduziert. Der Adressat ist Michael Gabriel von Fredersdorf, der Kämmerer des Königs. Die soziale Hierarchie am Berliner Hof spiegelt sich musikalisch zumal in der Dauer: die längste Sonate für den König, die kürzeste für seinen Kämmerer. Die vier anderen einzelnen Sonaten liegen im höheren Mittelfeld. Oberhalb der untersten Stufe von 5'00" bleibt die Dauer von 7'30" unbesetzt. Auch beschränkt sich nur eine Sonate, nämlich für Gambe und Cembalo, auf 10'00"; die Mehrzahl, nämlich die andere Sonate für Gambe und Cembalo und zwei der Sonaten für Flöte, einmal mit Continuo und einmal mit Cembalo, erreicht 12'30".

Verallgemeinerungen

Die Dauern der fünf Werke im Vergleich

DIE FÜNF WERKE DER SONATEN UND KONZERTE IM VERGLEICH IHRE DAUERN INSGESAMT UND IM EINZELNEN					
Das Werk	Sonaten und Partiten für Violine allein	Konzerte für mehrere Instrumente	Sonaten für Violine und Cembalo	Sonaten für zwei Klaviere und Pedal	Konzerte für ein Cembalo und Streicher
BWV	1001–1006	1046–1051	1014–1019	525–530	1052–1057
Datierung des Werks	autograf 1720	autograf 1721	spätestens 1725	etwa 1730	um 1738
Dauer insgesamt	75'00" +7'30"	75'00" +5'00"	75'00" +2'30"	60'00"	90'00"
Die Verteilung der Dauern im Einzelnen					
22'30"					1x22'30"
20'00"		1x20'00"			
17'30"			1x17'30"		1x17'30"
15'00"	1x15'00"	2x15'00"	1x15'00"		2x15'00"
12'30"	4x12'30"		1x12'30"	2x12'30"	1x12'30"
10'00"	1x10'00"	1x10'00"	3x10'00"	2x10'00"	
7'30"		2x7'30"		2x7'30"	1x7'30"

Fünfmal sind in den Konzerten und Sonaten sechs einzelne Satzfolgen zu einem Werk zusammengefasst. Zwei Werke sind aus Konzerten, zwei aus Sonaten gebildet; eines vereinigt je drei Satzfolgen unterschiedlicher Gattung. Bei den Konzerten besteht das eine Werk, einst im Zug der Reichsgründung Brandenburgische Konzerte benannt, aus Konzerten für mehrere Instrumente, das andere Werk aus Konzerten für ein Cembalo und Streicher. Bei den Sonaten ist das eine Werk für Violine und Cembalo, das andere für zwei Klaviere und

Pedal bestimmt, während ein drittes Werk je zur Hälfte aus Sonaten und Partiten für Violine allein besteht.

Die Werke sind, mit Ausnahme vielleicht des zuletzt genannten, nicht als solche geplant, sondern aus bereits vorhandenen Satzfolgen oder sogar Einzelsätzen zusammengestellt, die bei den Sonaten für Violine und Cembalo und für zwei Klaviere und Pedal sowie bei den Konzerten für ein Cembalo und Streicher oft auf ein anderes klangliches Gewand zurückgingen, also für eine andere Besetzung bestimmt waren. Insbesondere wo die Werke aus einzelnen Satzfolgen oder gar Einzelsätzen zusammengestellt wurden, galt es, das Zerstreute zu sammeln und so vor dem Untergang zu bewahren; es war ein Akt der Kanonisierung, der der Dokumentation diente und die Überlieferung sicherstellen sollte. Der Zusammenhalt eines solchen Werks konnte von der gemeinsamen Besetzung und der gemeinsamen Satzfolge unterstützt werden. In erster Linie allerdings war diese Aufgabe der gesamten Dauer des Werks und der spezifische Organisation der Dauern seiner einzelnen Satzfolgen und Sätze anvertraut.

Der Vergleich unternimmt es, die Gemeinsamkeiten und Unterschiede genauer zu bestimmen und bedient sich dafür der beigegebenen Tabelle. Die Ordnung folgt der Datierung der Werke, nämlich der in der jeweiligen Quelle bezeugten Zusammenstellung der einzelnen Satzfolgen und Sätze zum Werk. Die Datierung ist für die Sonaten und Partiten für Violine allein und für die Konzerte für mehrere Instrumente autograf und in engem zeitlichem Abstand auf 1720 und 1721 bezeugt. Für die drei anderen Werke sind den Quellen hinreichend genaue Daten für die relative Aufeinanderfolge zu entnehmen; die Sonaten für Violine und Cembalo lagen spätestens 1725, die Sonaten für zwei Klaviere und Pedal etwa 1730 und die Konzerte für ein Cembalo und Streicher um 1738 vor.

Die gesamte Dauer der Werke beläuft sich bei den Sonaten und Partiten für Violine allein, bei den Konzerten für mehrere Instrumente und bei den Sonaten für Violine und Cembalo auf 75'00". Dieser Dauer sind bei den Sonaten und Partiten für Violine allein mit Rücksicht auf die Ciaccona der zweiten Partita genau 7'30", bei den Konzerten für mehrere Instrumente im Hinblick auf die Erweiterung des ersten Konzerts um einen dritten Satz und des Menuets um eine Polonaise genau 5'00", bei den Sonaten für Violine und Cembalo mit der dritten Fassung der sechsten Sonate genau 2'30" hinzugefügt. Auf solche Additionen, auf die Bach anfangs angewiesen war, konnte er später verzichten. Die Sonaten für zwei Klaviere und Pedal und die Konzerte für ein Cembalo und Streicher vermindern und vermehren den Wert von 75'00" in beiden Richtungen um 15'00", vermindern ihn dort auf 60'00", vermehren ihn hier auf 90'00". Die Verminderung und Vermehrung nimmt den Wert von 75'00" in die Mitte und bestätigt ihn, zusammen mit den drei anderen Werken, als normative Dauer. Diese normative Dauer von 75'00" ist von den Suiten her bekannt (vgl. Bd. 4, S. 259); sie gilt hier und dort.

Die gesamte Dauer eines Werks fächert sich in jedem einzelnen Fall auf und ergibt eine spezifische Kombination der Werte seiner einzelnen Satzfolgen. Die Verteilung dieser Dauern bezieht sich auf ein Raster von sieben Werten, das sich von 7'30" bis 22'30" erstreckt und sich in Schritten von 2'30" vollzieht. Vom grafischen Bild her fallen sogleich drei Unterschiede zwischen den Sonaten und den Konzerten ins Auge. Die Sonaten belegen drei Stufen, die nebeneinanderliegen und somit einen engen Bereich des Rasters einnehmen. Zugleich begrenzen sie die längste Dauer einer einzelnen Satzfolge auf 15'00"; diese Dauer überziehen nur die Sonaten für Violine und Cembalo ausnahmsweise einmal um eine vierte Stufe. Die Konzerte dagegen beanspruchen mehr als drei Stufen, überspringen einzelne Stufen und belegen somit einen weiten Bereich; sie dehnen die Grenze der längsten Dauer einer einzelnen Satzfolge auf 20'00", ja 22'30". Die Begrenzung der Sonaten und ihre kleine Besetzung, die Weitung der Konzerte und ihre große Besetzung stehen in Korrelation.

Das Werk für Violine allein ist davon bestimmt, dass es in sich zwei verschiedene Gattungen, Sonaten und Partiten, vereinigt. Die drei Partiten nehmen dreimal die mittlere Dauer von 12'30" in Anspruch, wozu bei der zweiten Partita mit Rücksicht auf die Ciaccona eine freie Addition von 7'30" hinzutritt. Die drei Sonaten dagegen steigern sich von 10'00" über 12'30" auf 15'00". Die Abweichungen nach unten und oben gleichen sich aus und bestätigen so die mittlere Dauer von 12'30" für eine Satzfolge. Das führt auf die gesamte Dauer von 75'00". In den sechs Sonaten für Violine und Cembalo wird diese gesamte Dauer dadurch erreicht, dass die niederste Position von 10'00" dreifach und die darüber stehenden Positionen je einfach besetzt sind. Das ergibt für die niederste Position dreimal 10'00"; in den drei darüberliegenden Positionen gleichen sich die beiden äußeren Werte auf das Doppelte des mittleren Werts aus und ergeben mit diesem zusammen dreimal 15'00". Der so entstehenden Summe von 75'00" fügt die sechste Sonate eine freie Addition von 2'30" hinzu. Die Sonaten für zwei Klaviere und Pedal rücken in Entsprechung zu ihrer Besetzung für einen Spieler und ein Instrument nach unten. Je zwei Satzfolgen von 10'00" in der Mitte, 7'30" darunter und 12'30" darüber ergeben als gesamte Dauer sechsmal den mittleren Wert von 10'00" oder insgesamt 60'00".

Die sechs Konzerte für mehrere Instrumente sind in drei kleine und drei große Konzerte gegliedert. Die großen Konzerte verdoppeln die Werte der kleinen Konzerte. Die kleinen Konzerte umrahmen die in der Mitte stehende Dauer von 10'00" mit zweimal 7'30", die großen Konzerte die in der Mitte stehende Dauer von 20'00" mit zweimal 15'00". Zusammen belegen sie also vier Stufen. Aus der Addition von 25'00" und 50'00" ergibt sich auch hier die gesamte Dauer von 75'00". In den Konzerten für ein Cembalo und Streicher addieren sich je zwei Konzerte auf die Dauer von 30'00", nämlich zweimal 15'00", je einmal 12'30" plus 17'30" und 7'30" plus 22'30". So spannt sich hier der Bogen von 7'30" über eine Distanz von 15'00" bis auf 22'30" und belegt fünf Stufen. Dieser Weitung von der untersten bis zur höchsten Stufe entspricht die Erhöhung der gesamten Dauer auf 90'00".

Die fünf Werke innerhalb der Sonaten und Konzerte präsentieren ein faszinierendes Tableau der vielfältigen Möglichkeiten, die für die Bestimmung der gesamten Dauer eines derartigen Werks wie für die sich verzweigende Aufteilung dieser Dauer auf die Dauern seiner einzelnen Satzfolgen und ihrer einzelnen Sätze zur Hand sind. Am eindrücklichsten ist jedoch der klare Unterschied, der in dieser Hinsicht zwischen den Sonaten und Konzerten zutage tritt. Bei den Sonaten die gesammelte Enge der Disposition und die strenge Begrenzung der längsten Satzfolge, die nur einmal ausnahmsweise überschritten wird, bei den Konzerten die ausufernde Weite der Disposition und die beinahe unbegrenzte Dehnbarkeit der Dauer der einzelnen Satzfolge. Die Sonate das intime, in sich gekehrte Werk, das Konzert das repräsentative, nach außen gewandte Werk. Diesen Gegensatz hat Bach hier exemplarisch demonstriert. Der Unterschied der Zeitstruktur manifestiert sich als markantes Kennzeichen von Sonate und Konzert.

Eine Systematik der Tempostufen

Wie sind die sechs Tempostufen auf die Klassen der Taktarten verteilt? Gibt es Klassen von Taktarten, die häufig, andere, die selten von bestimmten Tempostufen in Anspruch genommen werden? Wie charakterisiert diese Zuordnung der Tempostufen die zeitliche Struktur von Konzert und Sonate? Um diese Fragen beantworten zu können, ist eine Systematik der Tempostufen zu entwerfen, die über den speziellen Fall hinausgreift und einen allgemeinen Bezugspunkt zur Verfügung stellt. Die Taktarten werden traditionell in die drei Klassen der geraden, ungeraden und zusammengesetzten gegliedert; für die zusammengesetzten Taktarten ziehe ich die Bezeichnung „trioliert" vor, da sie die übergeordneten Werte nicht in Zweier-, sondern in Dreiergruppen unterteilen. Es ist also zu prüfen, welche Zahl aus dem gesamten Bestand von Sätzen in jeder der sechs Tempostufen auf jede einzelne Klasse der Taktarten entfällt.

Dieser Aufgabe dienen die Tabellen der sechs Tempostufen. Ihre Spalten sind in die geraden, ungeraden und triolierten Klassen der Taktarten gegliedert. Die Tabellen verzeichnen die Zahl der einzelnen Sätze, jeweils getrennt nach den neun Gruppen, in die der Text des Buchs gegliedert ist. Diese Gruppen sind in der ersten Spalte jeder Tabelle mit Majuskeln bezeichnet und werden in dem beigegebenen Kasten erläutert; die dort genannten Seitenzahlen verweisen auf den Ort des Texts, auf dem die Angaben beruhen. Unter jeder Klasse der Taktart sind die Taktvorzeichnungen und der Bezugswert genannt, auf die sich die Tempostufe bezieht. Die Pluszeichen nennen die Anzahl des Vorkommens und werden in der letzten Zeile addiert. Bei eigens zu diskutierender Zuordnung ist die Nummer des Bach-Werke-Verzeichnisses in Klammern hinzugefügt.

A. Konzerte für ein Cembalo (S. 23).
B. Einzelne Konzerte (S. 40).
C. Brandenburgische Konzerte (S. 52). Im ersten Konzert werden das Menuet mit Trios und der nachgetragene dritte Satz (im 6/8-Takt, triolierte Tempostufe punktiertes Viertel = p), im dritten Konzert der zweite Satz nicht berücksichtigt. Das vierte Konzert, das auch an sechster Stelle der Konzerte für ein Cembalo steht, wird hier und dort, nämlich in beiden Werken berücksichtigt.
D. Sonaten für zwei Klaviere und Pedal (S. 62). Die langsame Einleitung zum ersten Satz der Sonate IV wird nicht berücksichtigt.
E. Einzelne Sonaten (S. 65).
F. Sonaten für Violine allein (S. 73).
G. Sonaten für Violine und Cembalo I–V (S. 84).
H. Sonate für Violine und Cembalo VI (S. 91–95). Jeder Satz, der innerhalb einer Fassung oder zwischen den drei Fassungen mehr als einmal vorkommt, wird nur einmal berücksichtigt.
I. Einzelne Sonaten (S. 104–110).

Ich beginne mit der Tempostufe 3/2 p, die die größte Zahl von Sätzen enthält. Auf den ersten Blick fällt die Bevorzugung der Klasse der geraden Taktart ins Auge. In dieser Rubrik stehen fünf verschiedene Taktarten, nämlich unter der Vorzeichnung von C und ¢ Takte zu vier Vierteln, unter der Vorzeichnung von 2/4 Takte zu zwei Vierteln, unter der Vorzeichnung von ¢ und 2 (die Zahl kann auch senkrecht durchstrichen sein) Takte zu zwei Halben.

Diese Gruppe verfügt über 52 Sätze; das ist etwa ein Drittel der Summe der hier betrachteten 150 Sätze. Darin kommt zum Ausdruck, dass die gerade Klasse der Tempostufe 3/2 p die Grundlage der schnellen Sätze eines Konzerts und einer Sonate darstellt. Diese grundlegende Gruppe der schnellen Sätze erhält doppelte Verstärkung von der ungeraden Klasse. Auf der einen Seite sind dies 12 Sätze der Tempostufe 3/2 p im Takt zu drei Vierteln, die sich in den Sonaten für zwei Klaviere und Pedal, in den Sonaten für Violine und Cembalo und den einzelnen viersätzigen Sonaten häufen. Auf der anderen Seite sind dies 10 Sätze der Tempostufe 3 p im Takt zu drei Achteln; hier gleicht die Halbierung des Bezugswerts die Verdoppelung der Tempostufe aus. Diese Sätze kommen meistens in jeder Gruppe nur einmal vor, häufen sich jedoch in den Konzerten für ein Cembalo, wo sie viermal auftauchen. Somit umfasst diese Gruppe 74 Sätze; das ist etwa die Hälfte der Summe.

	Tempostufe 3/2 p		
	gerade	ungerade	trioliert
A	C ♩ + ₵ ♩ +++ 2/4 ♩ + ₵ 𝅗𝅥 +	3/4 ♩ +	
B	C ♩ +++++ ₵ ♩ ++ 2/4 ♩ ++++ ₵ 𝅗𝅥 ++	3/4 ♩ +	
C	C ♩ + ₵ ♩ ++++ 2/4 ♩ + ₵ 𝅗𝅥 +		
D	₵ ♩ +++ 2/4 ♩ ++ 2 𝅗𝅥 +	3/4 ♩ +++	
E	C ♩ ++		
F	₵ ♩ ++ 2/4 ♩ + ₵ 𝅗𝅥 +	3/4 ♩ +	
G	C ♩ ++ 2/4 ♩ + ₵ 𝅗𝅥 + 2 𝅗𝅥 ++	3/4 ♩ +++	
H	C ♩ ++		
I	₵ ♩ + 2/4 ♩ +++ ₵ 𝅗𝅥 ++	3/4 ♩ +++	
	52	12	

<table>
<tr><td colspan="4" align="center">Tempostufe 3 p</td></tr>
<tr><td></td><td align="center">gerade</td><td align="center">ungerade</td><td align="center">trioliert</td></tr>
<tr><td>A</td><td></td><td>3/8 ♪ ++++</td><td></td></tr>
<tr><td>B</td><td></td><td>3/8 ♪ +</td><td></td></tr>
<tr><td>C</td><td></td><td>3/8 ♪ +</td><td></td></tr>
<tr><td>D</td><td></td><td>3/8 ♪ +</td><td></td></tr>
<tr><td>E</td><td></td><td>3/8 ♪ +</td><td></td></tr>
<tr><td>F</td><td></td><td>3/8 ♪ +</td><td></td></tr>
<tr><td>G</td><td></td><td>3/8 ♪ +</td><td></td></tr>
<tr><td>H</td><td></td><td></td><td></td></tr>
<tr><td>I</td><td></td><td></td><td></td></tr>
<tr><td></td><td></td><td align="center">10</td><td></td></tr>
</table>

<table>
<tr><td colspan="4" align="center">Tempostufe 3/4 p</td></tr>
<tr><td></td><td align="center">gerade</td><td align="center">ungerade</td><td align="center">trioliert</td></tr>
<tr><td>A</td><td>C ♩ +</td><td>3/4 ♩ ++</td><td>12/8 ♩. ++</td></tr>
<tr><td>B</td><td>C ♩ ++</td><td>3/4 ♩ ++</td><td>6/8 ♩. ++
12/8 ♩. ++</td></tr>
<tr><td>C</td><td>C ♩ +</td><td>3/4 ♩ +</td><td></td></tr>
<tr><td>D</td><td></td><td></td><td></td></tr>
<tr><td>E</td><td></td><td></td><td></td></tr>
<tr><td>F</td><td>C ♩ +</td><td>3/4 ♩ +</td><td>12/8 ♩. +</td></tr>
<tr><td>G</td><td>C ♩ +++</td><td>3/4 ♩ ++
3/2 ♩ +</td><td>6/8 ♩. +</td></tr>
<tr><td>H</td><td>C ♩ ++</td><td>3/4 ♩ +</td><td></td></tr>
<tr><td>I</td><td>C ♩ ++++</td><td>3/4 ♩ +++</td><td>6/8 ♩. +
12/8 ♩. +</td></tr>
<tr><td></td><td align="center">14</td><td align="center">13</td><td align="center">10</td></tr>
</table>

Tempostufe 1/2 p			
	gerade	ungerade	trioliert
A			
B			6/8 ♩. + (1044/2 = 527/2)
C			
D	C ♩ p + (528/2) = 𝅗𝅥 1/2 p	3/4 ♩ + (526/2)	6/8 ♩. +++ 12/8 ♩. +
E		3/2 𝅗𝅥 + (1029/2)	6/8 ♩. +
F	C 𝅗𝅥 + (1001/1) + (1003/1)		
G	C 𝅗𝅥 + (1016/1)		6/4 𝅗𝅥. + 6/8 ♩. +
H			6/8 ♩. +
I			6/8 ♩. + 12/8 ♩. +
	4	2	11

Tempostufe p			
	gerade	ungerade	trioliert
A		3/4 ♩ + (1057/2)	
B			6/8 ♩. +
C		3/4 ♩ ++ (1047/2, (1049/2) 3/2 𝅗𝅥 + (1051/2)	12/8 ♩. ++
D	2/4 ♩ + (527/1)		
E			6/8 ♩. +
F		3/4 ♩ + (1005/1)	
G			
H			6/8 ♩. +
I	C 𝅗𝅥 + (1030/1)		6/8 ♩. ++
	2	5	7

Tempostufe 2 p		
	gerade	ungerade	trioliert
A		3/8 ♪ + (1055/3)	
B			𝄵 𝅗𝅥 p + (1044/3) = ♩ 2 p (trioliert) 9/8 ♩. + (1058/3)
C			2/4 ♩ (trioliert) + (1050/3)
D		3/8 ♪ + (528/3)	
E			
F			
G			
H		3/8 ♪ + (BWV 1019b Corrente)	2 𝅗𝅥 p + (1019b Tempo di Gavotta) = ♩ 2 p trioliert
I			12/16 ♪. + (1030/4)
		3	5

Der Gruppe der schnellen Sätze steht die Gruppe der langsamen Sätze gegenüber. Sie gehört der Tempostufe 3/4 p an, also der halben Tempostufe des überwiegenden Teils der schnellen Sätze. Diese langsame Gruppe besteht aus 14 Sätzen der geraden Takte zu vier Vierteln, 13 Sätzen der ungeraden Takte zu drei Vierteln und 10 Sätzen der triolierten Takte zu sechs und zwölf Achteln. Das sind zusammen 37 Sätze, etwa die halbe Anzahl der schnellen Sätze. Sie sparen nur die Sonaten für zwei Klaviere und Pedal nebst den anschließenden einzelnen dreisätzigen Sonaten aus. Die beiden Hauptgruppen der Konzerte und Sonaten belaufen sich demnach zusammen auf 111 Sätze, sodass noch 39 Sätze übrig sind, die gegenüber den Hauptgruppen als Ausnahmen betrachtet werden können.

Allerdings stehen von diesen Ausnahmen noch einmal zwei Gruppen in einer Beziehung zu den Hauptgruppen, nämlich die triolierten Klassen der Tempostufen 1/2 p und p. Die 11 Sätze der Tempostufe 1/2 p umfassen die Takte zu sechs und zwölf Achteln, einmal auch zu sechs Vierteln. Ihr übergeordneter Wert von 1/2 p ergibt untergeordnet 3/2 p; obwohl es sich also um langsame Sätze handelt, sind sie durch ihre untergeordnete Tempostufe mit der Tempostufe der schnellen Hauptgruppe verbunden. Weitere 7 Sätze bietet die Tempostufe p für den übergeordneten Wert der Takte zu sechs und zwölf Achteln, was für den untergeordneten Wert die Tempostufe 3 p ergibt. Folglich stehen sie im Bewegungsduktus den ungeraden Takten zu drei Achteln der Tempostufe 3 p nahe, weshalb ich sie im laufenden Text unter diesem Wert verbucht habe. Die Konsequenz der Systematik fordert jedoch, sie, wie die anderen triolierten Takte, unter dem übergeordneten Wert, hier der Tempostufe p, einzuordnen.

Diese insgesamt 18 Sätze stehen also den Tempostufen der schnellen Hauptgruppe nahe. Demnach bleiben nur wenige, nämlich 21 Sätze, die über keine Beziehung zu einer der Hauptgruppen verfügen. Das sind 3 ungerade und 5 triolierte Sätze der Tempostufe 2 p, 2 gerade und 5 ungerade Sätze der Tempostufe p, 4 gerade und 2 ungerade Sätze der Tempostufe 1/2 p.

Mit den Tempostufen 2 p und 1/2 p treten der schnelle und der langsame Bereich einander gegenüber. Die triolierte Klasse der Tempostufe 2 p enthält zwei offenkundig triolierte Sätze zu 9/8 und 12/16, in denen sich die Tempostufe auf den übergeordneten Wert bezieht. Die drei anderen Exemplare bieten dem Anschein nach gerade Takte, schließen jedoch Unterteilungen in Dreiergruppen ein. Im 2/4-Takt des dritten Satzes des fünften Brandenburgischen Konzerts (BWV 1050/3) verlaufen die Viertel der Tempostufe 2 p durchgehend in Achteltriolen. Der dritte Satz des Tripelkonzerts in a-Moll (BWV 1044/3) steht als *tempo di allabreve* unter der Taktvorzeichnung ₵ auf der Tempostufe p, bezogen auf die Halbe. Triolisch unterteilt sind jedoch die Viertel, die, auch in Entsprechung zu den punktierten Achteln des Takts zu 12/16 der Vorlage, der Tempostufe 2 p angehören. Ähnlich notiert ist der später als *Tempo di Gavotta* bezeichnete Satz der ersten Fassung der sechsten Sonate für Violine und Cembalo (BWV 1019b), der die Taktvorzeichnung 2 der Tempostufe p, bezogen auf die Halbe, zeigt. Auch hier bezieht sich die triolische Unterteilung auf die Viertel, die der Tempostufe 2 p angehören.

Die ungerade Klasse der Tempostufe 2 p besteht aus drei Sätzen im 3/8-Takt, der mit Rücksicht auf rhythmische Eigenheiten der Satzfaktur gegenüber seiner üblichen Tempostufe 3 p retardiert ist. Es handelt sich um den dritten Satz des Konzerts für ein Cembalo in A-Dur (BWV 1055/3), um den dritten Satz der vierten Sonate für zwei Klaviere und Pedal (BWV 528/3) und um den später als *Corrente* bezeichneten Satz der ersten Fassung der sechsten Sonate für Violine und Cembalo (BWV 1019b).

In der Tempostufe 1/2 p befinden sich in der geraden Klasse die langsamen Einleitungen zu zwei der Sonaten für Violine allein (BWV 1001/1 und 1003/1) und zur dritten Sonate für Violine und Cembalo (BWV 1016/1). Der zweite Satz der vierten Sonate für zwei Klaviere und Pedal (BWV 528/2) gehört zwar unter der Tempovorschrift *andante* und der Taktvorzeichnung C der Tempostufe p, bezogen auf das Viertel an, wird jedoch im Hinblick auf seine Funktion als langsamer Satz zweckmäßigerweise unter der Tempostufe 1/2 p, bezogen auf die Halbe, hier einsortiert und steht so in Nachbarschaft zu zwei langsamen Sätzen der ungeraden Klasse. Im langsamen Satz der zweiten Sonate für zwei Klaviere und Pedal (BWV 526/2) bezieht sich die Tempostufe 1/2 p auf die Viertel des 3/4-Takts, im langsamen Satz der Sonate für Viola da gamba und Cembalo in g-Moll (BWV 1029/2) auf die Halben des 3/2-Takts.

Die Tempostufe p bietet in der ungeraden Klasse fünf langsamen Sätzen Raum, von denen drei zu 3/4 und einer zu 3/2 an zweiter Stelle von Konzerten, einer zu 3/4 am Beginn einer Sonate für Violine allein stehen. Aus den drei Sätzen zu 3/4 an zweiter Stelle von Konzerten stimmen zwei substanziell überein; da dieser langsame Satz zwei maßgebenden Werken, den sechs Konzerten für ein Cembalo und den sechs Konzerten für mehrere Instrumente, angehört, zählt er, wie auch die entsprechenden schnellen Sätze, doppelt. In der geraden Klasse befinden sich zwei Sätze, beide mit der Tempovorschrift *andante*, einer unter 2/4 (BWV 527/1), der andere unter C (BWV 1030/1). Sie nehmen beide die Stelle eines schnellen Satzes ein; ihre rhythmische Faktur ermäßigt jedoch die Tempostufe auf p.

VERTEILUNG DER SECHS TEMPOSTUFEN AUF DIE DREI KLASSEN DER TAKTARTEN				
Tempostufe	gerade	ungerade	trioliert	Summen
3 p		10		10
2 p		3	5	8
3/2 p	52	12		64
p	2	5	7	14
3/4 p	14	13	10	37
1/2 p	4	2	11	17
Summen	72	45	33	150

Die Verteilung der Tempostufen in den sechs Zeilen auf die Klassen der Taktarten in den drei Spalten ergibt 18 Felder. Von diesen 18 Feldern bleiben vier unbesetzt, nämlich die Tempostufen 3 p und 2 p in den geraden Klassen, die, soweit ich sehe, nie in Anspruch genommen werden, und die beiden primären schnellen Tempostufen 3/2 p und 3 p, die hier keine Triolierung zeigen. Somit verbleiben 14 Felder, die je zur Hälfte von sieben und sieben dem schnellen und dem langsamen Bereich zugeordnet werden können. In der Tabelle ist der langsame Bereich grau unterlegt, während der schnelle Bereich unbezeichnet bleibt. Dem schnellen Bereich gehören die Tempostufen 3/2 p, 2 p und 3 p soweit vorhanden, dem langsamen Bereich die Tempostufen 3/4 p und 1/2 p vollständig an. Die Tempostufe p verteilt sich auf beide Bereiche; ihre geraden und triolierten Klassen sind dem schnellen, ihre ungerade Klasse dem langsamen Bereich zuzurechnen. Die sieben Felder des schnellen Bereichs umfassen 91, die sieben Felder des langsamen Bereichs 59 Beispiele. Der schnelle und der langsame Bereich stehen somit im ungefähren Verhältnis von dreimal 30 zu zweimal 30 Beispielen. Die spezifische Einordnung in die Systematik der sechs Tempostufen und der drei Klassen der Taktarten fixiert eine Eigenart der Konzerte und Sonaten.

Verzeichnis der zitierten Literatur

Bach, Johann Sebastian: *Neue Ausgabe sämtlicher Werke*, besonders die Bände:

IV/7: *Sechs Sonaten und verschiedene Einzelwerke*, hrsg. von Dietrich Kilian, Kassel und Leipzig 1984, Kritischer Bericht 1988.

V/1: *Erster Teil der Klavierübung*, hrsg. von Richard Douglas Jones, Kassel und Leipzig 1976, Kritischer Bericht 1978, und Nachtrag zum Kritischen Bericht, Kassel 1997.

V/2: *Zweiter Teil der Klavierübung, Vierter Teil der Klavierübung, Vierzehn Kanons*, hrsg. von Walter Emery und Christoph Wolff, Kassel und Leipzig 1977, Kritischer Bericht 1981.

V/4: *Die Klavierbüchlein für Anna Magdalena Bach*, hrsg. von Georg von Dadelsen, Kassel und Leipzig 1957, Kritischer Bericht 1957.

V/9.2: *Sechs kleine Praeludien, Einzeln überlieferte Klavierwerke I*, hrsg. von Uwe Wolf, Kassel 1999, Kritischer Bericht 2000.

VI/1: *Werke für Violine*, hrsg. von Günter Haußwald und Rudolf Gerber, Kassel und Leipzig 1958, Kritischer Bericht 1958.

VI/3: *Werke für Flöte*, hrsg. von Hans-Peter Schmitz, Kassel und Leipzig 1963, Kritischer Bericht 1963, mit Ergänzung zum Kritischen Bericht: *Sonate A-Dur für Flauto traverso und Cembalo BWV 1032* von Alfred Dürr, 1981.

VI/4: *Drei Sonaten für Viola da gamba und Cembalo*, hrsg. von Hans Eppstein, Kassel und Leipzig 1984, Kritischer Bericht 1989.

VII/2: *Sechs Brandenburgische Konzerte*, hrsg. von Heinrich Besseler, Kassel und Leipzig 1956, Kritischer Bericht 1956, dazu Nachtrag zu NBA VII/2: *Fünftes Brandenburgisches Konzert in D-Dur, Frühfassung BWV 1050a*, hrsg. von Alfred Dürr, 1975.

VII/3: *Konzerte für Violine, für zwei Violinen, für Cembalo, Flöte und Violine*, hrsg. von Dietrich Kilian, Kassel und Leipzig 1986, Kritischer Bericht (mit Georg von Dadelsen) 1989.

VII/4: *Konzerte für Cembalo*, hrsg. von Werner Breig, Kassel 1999, Kritischer Bericht 2001.

VII/5: *Konzerte für zwei Cembali*, hrsg. von Karl Heller und Hans-Joachim Schulze, Kassel und Leipzig 1985, Kritischer Bericht 1990.

VII/6: *Konzerte für drei und vier Cembali*, hrsg. von Rudolf Eller und Karl Heller, Kassel und Leipzig 1975, Kritischer Bericht 1976.

VIII/1: *Kanons, Musikalisches Opfer*, hrsg. von Christoph Wolff, Kassel und Leipzig 1974, Kritischer Bericht 1976.

3[rev]: *Kammermusik mit Violine*, hrsg. von Peter Wollny, Kassel 2014.

Bach-Handbuch: siehe Rampe, Siegbert.

Bach-Werke-Verzeichnis. Kleine Ausgabe (BWV[2a]) nach der von Wolfgang Schmieder vorgelegten 2. Ausgabe, hrsg. von Alfred Dürr und Yoshitake Kobayashi unter Mitarbeit von Kirsten Beißwenger, Wiesbaden 1998.

Breig, Werner: *Bachs Violinkonzert d-Moll. Studien zu seiner Gestalt und seiner Entstehungsgeschichte*, in: Bach-Jahrbuch 1976, S. 7–34.

————: *Zum Kompositionsprozeß in Bachs Cembalokonzerten*, in: Johann Sebastian Bachs Spätwerk und dessen Umfeld. Perspektiven und Probleme, Bericht über das wissenschaftliche Symposion anlässlich des 61. Bachfestes der Neuen Bachgesellschaft, Duisburg, 28.–30. Mai 1986, hrsg. von Christoph Wolff, Kassel 1988, S. 32–47.

Eppstein, Hans: *Zur Problematik von J. S. Bachs Sonate für Violine und Cembalo G-Dur (BWV 1019)*, in: Archiv für Musikwissenschaft 21 (1964), S. 217–242.

————: *Studien über J. S. Bachs Sonaten für ein Melodieinstrument und obligates Cembalo*, Uppsala 1966 (Acta Universitatis Upsaliensis, Studia musicologica Upsaliensia, Nova series 2).

Geuting, Matthias: *Konzert und Sonate bei Johann Sebastian Bach. Formale Disposition und Dialog der Gattungen*, Kassel 2006 (Bochumer Arbeiten zur Musikwissenschaft 5).

KB: Kritischer Bericht des betreffenden Bands der Neuen Bach-Ausgabe.

Neue Bach-Ausgabe (NBA): siehe Bach, Johann Sebastian: *Neue Ausgabe sämtlicher Werke*.

Rampe, Siegbert (Hrsg.): *Bachs Klavier- und Orgelwerke*, Teilband 1, Laaber 2007, und Teilband 2, ebenda 2008 (Das Bach-Handbuch 4/1 und 4/2).

————: *Bachs Orchester- und Kammermusik*, Teilband 1: *Bachs Orchestermusik*, Laaber 2013 (Das Bach-Handbuch 5/1).

———— und Sackmann, Dominik (Hrsg.): *Bachs Orchester- und Kammermusik*, Teilband 2: *Bachs Kammermusik*, Laaber 2013 (Das Bach-Handbuch 5/2).

Rempp, Frieder: *Überlegungen zur Chronologie der drei Fassungen der Sonate G-Dur für Violine und konzertierendes Cembalo, (BWV 1019)*, in: Martin Staehelin (Hrsg.), „Die Zeit, die Tag und Jahre macht". Zur Chronologie des Schaffens von Johann Sebastian Bach, Bericht über das Internationale wissenschaftliche Colloquium aus Anlaß des 80. Geburtstages von Alfred Dürr, Göttingen, 13.–15. März 1998, Göttingen 2001 (Abhandlungen der Akademie der Wissenschaften zu Göttingen, Philologisch-historische Klasse, Dritte Folge, Nr. 240), S. 169–183.

Schulze, Hans-Joachim: *Studien zur Bach-Überlieferung im 18. Jahrhundert*, Leipzig und Dresden 1984.

Siegele, Ulrich: *Kompositionsweise und Bearbeitungstechnik in der Instrumentalmusik Johann Sebastian Bachs*, Neuhausen-Stuttgart 1975 (Tübinger Beiträge zur Musikwissenschaft 3).

Wollny, Peter: *Zur Überlieferung der Instrumentalwerke Johann Sebastian Bachs: Der Quellenbesitz Carl Philipp Emanuel Bachs*, in: Bach-Jahrbuch 1996, S. 7–21.

Über den Autor

Ulrich Siegele, geboren 1930 in Stuttgart, studierte Musikwissenschaft, Klassische Philologie und Geschichte hauptsächlich in Tübingen, wo er 1957 promovierte und sich 1965 habilitierte. Danach lehrte er dort Musikwissenschaft, von 1971 bis zu seiner Pensionierung 1995 als Professor.

Seine Hauptarbeitsgebiete sind historische Kompositionsverfahren, vor allem die Konstruktion von Form im Hinblick auf Dauer und funktionale Differenzierung, besonders bei J. S. Bach, Monteverdi, Schütz, Beethoven, Wagner und in der seriellen Musik des 20. Jahrhunderts, sowie die Biographie J. S. Bachs in ihrem politischen, sozialen und ökonomischen Kontext.

Über das Buch

In Bachs Musik bilden die Konzerte und Sonaten drei Gruppen: die dreisätzigen Konzerte, die viersätzigen Sonaten und die schmale Gruppe der dreisätzigen Sonaten auf Konzertenart. Besonderer Sorgfalt bedurfte die Entscheidung, ob eine Satzfolge aus drei oder aus vier Sätzen besteht. Denn das ergibt eine fundamentale Voraussetzung für die Beziehung zwischen Sätzen und Satzfolge.

Neben den einzeln überlieferten Satzfolgen hat Bach in jeder der drei Gruppen maßgebende Werke aus sechs Satzfolgen vorgelegt. Die Disposition dieser fünf Werke steht im Mittelpunkt des Buchs. Das Augenmerk richtet sich dabei auf ihre gesamten Dauern und auf die spezifische zeitliche Struktur ihrer einzelnen Satzfolgen und Sätze. Deutlich wird ein grundlegender Unterschied, der zwischen Konzerten und Sonaten besteht.

Die fünf aus sechs Satzfolgen bestehenden Werke sind nicht als solche entworfen, sondern aus bereits vorhandenen Satzfolgen oder gar einzelnen Sätzen zusammengestellt, die zudem meistens eine andere klangliche Gestalt besaßen. Diesen Werken eignet ein dokumentarischer, gewissermaßen abschließender Charakter innerhalb der Bachschen Konzerte und Sonaten. Eine Systematik der Tempostufen zieht Bilanz.

Ulrich Siegele
Johann Sebastian Bach komponiert Zeit
Tempo und Dauer in seiner Musik

Aus dieser Reihe sind im selben Verlag erschienen:

Band 4: *Tänze und Suiten*
2018

Die Tänze der Suiten Bachs zeigen beispielhaft einerseits die Herausbildung von Satztypen und die Variationsbreite ihrer Merkmale, andererseits die Zusammenfügung dieser Satztypen zu bestimmten Satzfolgen. So stellen sich zwei Fragen: Wo fügt sich ein jeder Tanz in das System des Bachschen Tempos ein? Und: Wie sind die Satzfolgen, die die Satztypen bilden, organisiert?

Taktart und Tempostufe bestimmen jede Tanzart. Darüber erteilt der Name eines Tanzes Auskunft. Die Taktart ist am Beginn des Notentexts ausdrücklich genannt, nicht dagegen die Tempostufe. Das Ziel ist deshalb, die reguläre Tempostufe jeder Tanzart zu bestimmen. Denn die Tänze einer Art gehören nicht nur ein und derselben Taktart, sondern auch ein und derselben Tempostufe an.

Diesen Fragen geht das Buch in drei Teilen nach. Zunächst werden die Tänze für Tasteninstrumente der Englischen und Französischen Suiten und der Partiten der Klavierübung I gruppiert und charakterisiert. Daraus ergibt sich eine Systematik der Tanzarten. Danach wendet sich die Untersuchung dem Aufbau und der Eigenart der drei Werke für Tasteninstrumente zu, die jeweils sechs Suiten umfassen. Der letzte Teil ist den Tänzen und Suiten für solistische Besetzungen und den Ouvertüren für Ensemble gewidmet. Zum Abschluss weitet sich der Blick auf die Inventionen und Sinfonien.

Band 3: *Wohltemperiertes Klavier I und II*
2017

Unter allen Werken Bachs ist das Wohltemperierte Klavier am vielfältigsten und reichsten von Ordnungsstrukturen durchzogen und zusammengehalten. Das Buch widmet sich diesem entscheidenden Aspekt und stellt erstmals die zeitliche Dimension ins Zentrum der übergreifenden Strukturen.

Der erste Teil des Wohltemperierten Klaviers war das erste vielgliedrige Werk, das Bach zu organisieren hatte; es trägt Spuren eines ersten Versuchs an sich. Demgegenüber konnte Bach mit der Wiederaufnahme des zweiten Teils auf eine zwanzigjährige Erfahrung zurückgreifen und eine durchaus schlüssige Lösung darbieten. Die Schwierigkeit, die er zu bewältigen hatte, lag in erster Linie in der formalen Gleichstellung der Präludien mit den Fugen.

Der Band bietet zunächst eine Übersicht über die Voraussetzungen, insbesondere über die zwei Kulturen der kontrapunktisch definierten Fugen und der Ritornellfugen. Darauf folgt die Untersuchung der beiden Teile, wobei die Erläuterung des zweiten Teils durch die Möglichkeit des Vergleichs mit dem ersten am tiefsten in die Problematik einzudringen vermag. Die Zeitstruktur der beiden Teile des Werks ist eine einzigartige Leistung Bachs.

Band 2: Johannes- und Matthäus-Passion
2016

Wie ging Johann Sebastian Bach vor, als er seine beiden großen Passionen komponierte? Wie entwarf er Anlage, Struktur der einzelnen Teile und Abfolge der einzelnen Sätze? Und wie organisierte er die Dauer des gesamten Werks und seiner Glieder?

Dass diese Entscheidungen die sorgfältig ausgearbeitete Grundlage der Matthäus- und Johannes-Passion bilden, zeigt dieses Buch auf eindrückliche Weise. Inhaltlich und formal beruhen die beiden Passionen auf dem Text des Evangeliums und dessen traditioneller Gliederung in Akte. Gleichzeitig aber manifestieren sie Bachs Verfahren, ein ausgedehntes und vielschichtiges Werk für ein umfangreiches Ensemble zu disponieren, und tun kund, wie er die Organisation der Dauern sowohl auf der zeitlichen Ebene der Erstreckung des ganzen Werks, seiner Teile und seiner Akte als auch auf der funktionalen Ebene der Gattungen, nämlich des Evangeliums und der Arien, der Choräle und der Accompagnato-Rezitative, des Eingangs und des Beschlusses, vollzog.

Die Matthäus-Passion besticht durch die Größe der Anlage, die Johannes-Passion durch die dispositionelle Ausgewogenheit, die sie in den Modifikationen der Ausarbeitung wahrt.

Band 1: Grundlegung und Goldberg-Variationen
2014

In welchem Tempo hat Johann Sebastian Bach seine eigenen Musikstücke gespielt und aufgeführt?

Das Buch gibt eine Antwort darauf – erstmals ausschließlich auf der Grundlage von Bachs eigenen Aussagen, nämlich den Partituren seiner Kompositionen. Die Analyse von Bachs Werken zeigt, dass sich jede Komposition einem

Satztypus zuordnen lässt, der wiederum in Verbindung zu absolut fixierten Tempostufen steht. Bei den Goldberg-Variationen sah Bach als Dauer der Aria und der 30 Variationen mit allen Wiederholungen genau 90 Minuten vor, geteilt in zwei Hälften von je 45 Minuten.

Für Musiker, Musikwissenschaftler und Komponisten bietet dieses Buch einen einmaligen Einblick in Bachs Kompositionswerkstatt: Die Goldberg-Variationen belegen sein kompositorisches und formales Denken sowie die sorgfältige Anlage seiner Werke in genauen zeitlichen Dispositionen und gewähren zugleich Einblick in seine eigene Aufführungspraxis.

Zusätzlich zur Analyse der einzelnen Stücke werden die Goldberg-Variationen in den politischen und gesellschaftlichen Kontext ihrer Entstehung eingeordnet. Dadurch erhält der Leser nicht nur Einblick in das kompositorische Denken Johann Sebastian Bachs, sondern auch in Beziehungen, die er zu führenden politischen Persönlichkeiten seiner Zeit unterhielt.